学級経営サポートBOOKS

この一手が学級崩壊を防ぐ！
今日からできる学級引き締め＆立て直し術

山中 伸之【著】

明治図書

はじめに

今，崩れかけている学級にも
必ず秩序は取り戻せる❗

　この本を手にしてくださった方は，現在ご自身の学級経営に悩みを抱えている先生ではないでしょうか？
　そうでなくても，ご自身の学級経営に満足せず，よりよい学級にしようとがんばっている先生ではないでしょうか？
　学級は，何といってもまず第一に子どもたちが安心していられる場所でなければなりません。

　そのために大切なのが，学級の秩序です。
　秩序がなければ，力のある子や利己的な子が自分勝手に振る舞い，それがまかり通ってしまいます。
　そうなると，安心や安全はおびやかされ，特定の子どもたちだけが楽しむという，見せかけだけの楽しい学級になります。
　力の弱い子，力はあっても消極的な子どもたちにとっては，安心していられる学級とは言えません。
　ですから，子どもたちが安心していられるようにするには，きちんとした秩序があり，その中で楽しく活動ができる学級をつくらなければなりません。

　私はそんな学級を目指して学級経営に取り組んできました。
　私の学級では，授業中の私語はまったくと言っていいほどありません。
　それでいて，発言する場では積極的に自分の意見を述べます。
　返事やあいさつは学校一で，子どもたちもそれを誇りに思っています。
　忘れ物はほとんどありません。
　提出物がそろわないこともありません。
　子どもたちは仕事が好きで，トイレ掃除は一番人気です。
　担任が終日出張していても，何事もなく一日が過ぎます。
　できない子，やらない子がいると，まわりの子が声をかけます。
　小さなトラブルはもちろんありますが，すぐに解決されます。

しかし，もちろん最初からそんな学級ができたわけではありません。
　私の学級にも私語があふれていました。
　忘れ物が後を絶ちませんでした。
　トラブルもたくさん起こり，その処理に疲れ果てました。
　子どもたちが私の指示に従わず，私のいないところでは私の陰口がささやかれ，静かな学級崩壊も経験しました。
　保護者とトラブルになったことも何度もありました。

　そのような体験を通し，試行錯誤を繰り返しながら，私なりの学級経営の方法をつくり上げてきました。
　それは，まず学級に秩序をつくり，その中で子どもたちに自治的な活動を行わせ，自立に導いていく，という至極正統で，一般的なものでした。

　では，学級に秩序をつくるにはどうすればよいのでしょうか？
　それは，次の３つの段階・方法によって行います。
　まず，子どもたちにルールやマナー，きまりを明確に示します。
　次に，それを実践し，確認します。学級にゆるみが出ている，もうちょっと引き締まった感じがほしいと思える学級の多くが，この実践と確認ができていません。先生が注意しただけで終わっているのです。
　そして，最後に信賞必罰です。バランスを考えつつも，子どもがほめられるべき言動をしたときには必ずほめ，叱られるべき言動をしたときには必ず叱る，ということです。

　本書では，これらを非常に細かく，かつ具体的に紹介しました。
　実態に応じてこれらを着実に実践していけば，今崩れかけている学級にも，必ず秩序は取り戻せます。
　取りかかるのに遅すぎる，ということはありません。
　今から行えば，今から行っただけの効果が必ずあります。
　ぜひ，本書の内容を参考に，すばらしい学級をつくってください。
　本書が，この本を手にしてくださった先生方の悩みを解決し，希望をかなえるためのお役に立つことを，切に願っています。

　2015年８月

山中伸之

もくじ

はじめに

第1章 ゆるみのない学級をつくるための大原則

- ❶教師の教育観，指導観を見直す……………………10
- ❷きまりを明確に示す……………………12
- ❸厳しい指導や強制もときには必要……………………14
- ❹信賞必罰を徹底する……………………16
- ❺教師の言動をぶれさせない……………………18

Column　3秒………20

第2章 ゆるみのない学級をつくるための5つのポイント

- ❶厳しさと楽しさのバランスをとる……………………22
- ❷行為のみを叱る……………………24
- ❸叱りっぱなしにしない……………………26
- ❹担任自身を理解してもらう努力を惜しまない……………28
- ❺「愛語」で叱る……………………30

Column　トリプルハンカチ………32

第3章 こんなゆるみを，こう引き締め，立て直す！

基本的な生活習慣のゆるみ

返事やあいさつをしない……………………………34
言葉づかいが悪い，ていねい語で話さない………36
話を聞かない，聞こうとしない……………………38
靴をそろえない………………………………………40
脱いだ服がぐちゃぐちゃ……………………………42
服装が乱れている……………………………………44
髪型が乱れている……………………………………46
忘れ物が多い，忘れ物を気にしない………………48
整理整頓ができない…………………………………50

Column 直らなかった敬礼……52

学級集団のゆるみ

学級のルールやきまりを守らない…………………54
落とし物，なくし物が多い…………………………56
けが人が後を絶たない………………………………58
ものが壊れる，壊される……………………………60
教室にゴミがたくさん落ちている…………………62
歌をちゃんと歌わない………………………………64

もくじ

　　机やいすがすぐに乱雑になる……………………………66
　　トイレ掃除を嫌がる………………………………………68
　　集会時に私語が多い………………………………………70
　　当番や係の仕事を忘れる…………………………………72
　　まわりの状況に気づかない，関心をもたない…………74
　　掲示物がはがれている……………………………………76

Column　早く伸ばしなさい！……78
　　　　 めんこ学級……79

学習態度のゆるみ

　　チャイムで席に着かない…………………………………80
　　始業前に学習の準備ができない…………………………82
　　起立，礼がきちんとできない……………………………84
　　文字が乱暴…………………………………………………86
　　指示された作業になかなか取りかからない……………88
　　授業中すぐに私語をする…………………………………90
　　授業中ボーっとしてしまう………………………………92
　　挙手，発言が少ない………………………………………94
　　宿題をやらない，適当に済ます…………………………96
　　テストや提出物の文字が乱雑……………………………98

Column　子どもへの語り「見ている人」……100
　　　　 子どもへの語り「4球に1球」……101

④ 生活態度のゆるみ

- 提出物の期限を守れない……………………………102
- 廊下や教室で大声を出す……………………………104
- ハンカチ，ティッシュを携帯しない………………106
- 給食の食べ残しが多い………………………………108
- 名札をつけていない，つけ方が悪い………………110
- 必要以上のおしゃれをする…………………………112
- 不必要なものを持ってくる…………………………114
- 配付物が家庭に届かない……………………………116

⑤ 人間関係のゆがみ

- 友だちに意地悪をする………………………………118
- 友だちの発言をバカにする…………………………120
- 男女が協力しない，仲が悪い………………………122
- けんかが絶えない……………………………………124
- 友だちの話に耳を傾けない…………………………126
- 話の途中で茶々を入れる……………………………128

⑥ 根っこの深いところのゆるみ

- 努力せず，楽をしようとする………………………130
- 叱られるとふてくされる……………………………132
- 教師の指示に従わない………………………………134

第1章 ゆるみのない学級をつくるための大原則

❶ 教師の教育観，指導観を見直す

① ほめることへの疑い

　「叱るな，ほめよ」「子どもはほめて育てるべき」とよく言われます。
　このことについて，私は2つの疑問をもっています。
　1つは「**ほめるだけで立派な人間になっていくのか？**」ということであり，もう1つは「**実際問題として，ほめるだけの指導ができるのか？**」ということです。
　私はもちろん，ほめられるだけで育ってきた人間ではありません。学校に通っていたころは当然，教師になってからも先輩や管理職の先生に叱られました。保護者からの苦情やお叱り，申し入れなどもたくさん経験しました。
　今振り返ってみて，叱られたときはさすがに嫌な気分であったし，うれしくはありませんでした。しかし，叱られたことで，さらに大きな間違いを犯すことを抑えることができましたし，厳しい苦言は人生の転機ともなりました。それがなければ今の私はないと言っても過言ではない言葉です。仮に私がほめられ続けていたら，今のような自分にはなれなかったでしょう。

② ほめてばかりいられない現実

　また，子どもたちと教室で毎日何時間も過ごしていると，ほめてばかりはいられない場面に必ず遭遇します。例えば，A君が怒ってB君を叩いてしまった，C君がいすを揺らして何度も倒れそうになる，Dさんが係の仕事をいつもEさんに任せて遊びに行ってしまう，などです。
　こんなときには，何を，どのように，どれくらいほめれば，子どもたちの

このような行動がなくなっていくのでしょうか。ほめるだけで本当に対応できるのでしょうか。

ほめることの効果はゆっくり現れるから長い目で見て育てることが大切だ，と言われるかもしれません。しかし，**今目の前で他の子を叩いた子，今教室で危険な行いをしている子には，今このときの指導が求められている**のです。

ほめる対応はそういう場合を想定しているのではない，と言われるかもしれません。では，**どういう場合にほめる指導が有効なのか，限定して考えるべき**ではないでしょうか。

③ ほめるべきをほめ，叱るべきを叱る

ほめることはとても大切です。しかし昨今は，あまりにもそれに偏り過ぎ，あまりにも叱る指導を否定し過ぎているように思います。

教育界の先哲・森信三先生も『修身教授録』の中で，知識・技能はほめて伸ばし，不道徳は叱って正すべきという趣旨のことを述べています。子どもを含めて私たちの生活には，「ほめて当然，ほめられて当然」という言動があると同時に，「叱って当然，叱られて当然」という言動もあるはずです。**ほめるべきことをほめ，叱るべきことを叱る，それが自然なこと**ではないでしょうか。

④ 本質を見失わない

「ほめて育てる」という短い言葉の中に，非常に大事な本質が隠されています。それは，目的は「育てる」ことだということです。**ほめるにせよ，叱るにせよ，そのことが子どもの自立を促しているかどうかが最も大事なこと**です。しかし現実は，ほめること，叱ることという手段にばかり目が行ってしまいがちです。子どもを育てるという本質を常に見極め，手段に振り回されないようにしたいものです。

❷ きまりを明確に示す

① ゆるみのある学級とは、ルールを守らない学級

「ゆるみのある学級」とは、どのような学級でしょうか。
　それは、きびきびと活動しない、見た目がだらしない、やるべきことをやらない、協力しない、和を乱す、利己的、自分優先、こういう学級のことでしょう。
　ゆるみのある学級に現れるこれらの現象の要因は何でしょうか。
　それを一言で表現すると、**規範意識の欠如**と言えるでしょう。つまり、**ルールやマナーを守らない、守ろうとする意識が低い**、ということです。

② ルールやマナーもきまりとして明確に示す

では、規範意識の高い学級、ルールやマナーを守る学級にするには、どうすればよいでしょうか。
　そのために必要なことは、まず**常識的なルールやマナーであっても、子どもたちに明確に「きまり」として示す**ことです。ルールやマナーときまりは意味が重なる部分も多いのですが、ここでは、以下のように考えます。

>●ルールやマナー＝慣例、原則、習慣
>●きまり＝規則

最近は「えっ、どうしてこんな常識的なことがわかっていないの？」と、こちらが驚くほどルールやマナーを理解していない子がいます。例えば、

「時間を守る・遅刻をしない」。こんなことは集団生活をするうえでは常識ですが，改めて教えないとわからないのです。ですから，そういう常識的なルールやマナーであっても，きちんときまりとして明確に示すことが必要です。

　さらに，本来のきまりも明確に示す必要があります。例えば，「日課を守る」というきまりも改めて明確に示さないと，子どもによってはわかっていないことがあるものです。

③ きまりが必要なことを理解させる

　次に必要なことは，明確に示したきまりについて**「なぜそのきまりが必要なのか」を，十分に説明して理解させる**ことです。

　「こんなことは常識，当たり前のことだから，改めて説明する必要はない」と思いがちですが，子どもは意外にわかっていません。また，自分が子どもだったときにはわかっていたから，今の子どもたちもわかっているだろうと思うかもしれませんが，近年はきまりに対する考えが甘く緩やかになっているので，きまりを守ることの必要性を理解していない子もいます。

④ 繰り返して示す

　子どもに限らず大人も，人は多くのことを忘れていきます。悲しいことですが，一度明確に示したきまりも，子どもたちはいつか忘れてしまいます。

　1度や2度指導したからといって，その場ではできるようになっても，常にできるようには決してなりません。**知識としてわかっても，習熟させなければ，技術として身につかない**のです。ですから，きまりを守ることが身につくまで，折に触れて②，③を繰り返す必要があります。

　きまりを守ることを意識させるのは，森信三先生がおっしゃるように「流水に文字を書くような果かない業(わざ)」です。でも「それを巌壁に刻むような真剣さで取り組まねばならぬ」のです。

❸ 厳しい指導や強制もときには必要

① BEST を目指すよりも BETTER を実行することの方が大事

　能力はあるのに，面倒だからと宿題をやってこない。遊びたいばかりに，当番の仕事をさぼる。こういう子が学級にいたとします。ほめる指導の名人達人レベルの先生ならば，ほめることでこの子たちを，面倒でも宿題をきちんとやってくる子，遊びたくても当番の仕事をきちんとやる子にすることができるでしょう。

　しかし，現実はそういう名人達人レベルの教師ばかりではありません。私もそうではありません。私のような教師にとっては，**実力がないのにBEST の方法を目指すことよりも，自分にできる BETTER な方法を実行することの方が大事**です。

　私たちは，ともすると最善を目指すあまりに次善を否定し，その結果，最善はおろか次善さえも実現できないことがあります。

　ほめて育てることが最善だとしても，その技量がないならば，ほめたり叱ったりするという次善の方法で結果を出すことが大切ではないでしょうか。

② ゆるみに対する指導の段階を踏まえる

　ゆるみに対する指導には，次ページのような段階があります。

　きまりに反する行動が見られたからといって，一気に❹の叱責や❺の強制に行くのはよくありません。何事も段階や手順が必要です。しかし，繰り返し説明しても諭しても改善されない場合は，厳しく叱ることになります。

　大事なのは，この段階を子どもたちによく説明しておくということです。

そうすることで，厳しく叱られたり強制されたりすることの原因が自分の行動にあり，それは当然のことだということを理解できるようになります。

---

❶説明…………とるべき行動（きまり）やその理由を示す
　⬇きまりに反する行動が見られた
❷確認・反復……説明の繰り返し，きまりに反する行動の確認
　⬇それでもきまりに反する行動が見られた
❸説得・諭し……理由や事情を聞き，きまりを遵守するよう諭す
　⬇それでもきまりに反する行動を止めない
❹叱責…………行動や改めないことを叱る
　⬇それでもきまりを守らない
❺強制…………叱って強制的に行わせる

---

③ 不道徳な行いに対しては，叱ってやることが愛情

　時間を守らない。自分の仕事をしない。人の嫌がることを言う。自分を反省することがない。ちょっと苦しいとすぐにあきらめてしまう。こういう子どもは，程度の差こそあれ，どの学級にもいるものです。

　こういう子どもたちを，別のことではなくその行為そのものでほめることは難しいでしょう。また，こういう子どもたちをほめるのがよいことだとも思えません。かといって，ほめも叱りもせず放っておくのは無関心と同じで，基本的にはよくないことです。

　こういう不道徳な行いはきちんと叱ることこそ必要です。それは**放っておいたり，無関心でいたりするよりも，子どもに対してはるかに愛情に富んだ行い**です。

　私たちは愛情があるから叱るのです。叱ることは子どもたちへの愛情の表現です。そのことを，子どもたちにも自分自身にも言い聞かせましょう。

❹ 信賞必罰を徹底する

① 信賞必罰とは

　信賞必罰（しんしょうひつばつ）とは，賞罰を厳格に行うことで，賞すべき功績のある者には必ず賞を与え，罰すべき者は必ず罰するという意味です。

　学級経営では，賞を与えるとはほめることであり，罰を与えるとは叱ることです。子どもがほめられるべき行動をしたときには必ずほめ，叱られるべき行動をしたときには必ず叱るということです。

　また，厳格に行うといっても，より厳しい罰を与えるということではありません。上記の説明の文言の中で**キーワードとなるのは「必ず」という言葉**です。**必ずというのは，どんな場合であってもということです。**

　どうして信賞必罰が大切かというと，以下に述べるように，信賞必罰でない場合が，ゆるみのある学級では非常に多いからです。その結果，ほめられるべきときにほめられず，叱られるべきときに叱られないということになります。これでは，子どもたちの行動基準が定まらないのも当然です。

② 何度も繰り返され，当たり前になるとほめなくなる

　床のゴミをさっと拾った子がいました。それを見ていた教師はすかさずその子をほめ，他の子にもその行動を紹介しました。その話を聞いて別の子がゴミを拾いました。教師はそのことをほめました。すると，たくさんの子がゴミを拾い始めました。それは翌日も翌々日も続き，当たり前の光景となっていきました。そして，教師はゴミを拾う子をほめなくなりました。

　ほめられるべき行動でも，何度も繰り返されて当たり前の行為になると，

徐々にほめられなくなります。ほめる基準が，行為そのものの価値と，集団の中でのその行為の難易度によるからです。**取り上げてほめなくなる理由と，ほめられなくても続けることの価値をきちんと説明していればよいのですが，そうでない場合は，子どもの行動意欲は減退していくことに注意が必要**です。

③ 罰の宣言はするが，罰しないことがあふれている

　学級全員が並んで体育館に移動しました。はじめに教師が，
「おしゃべりをする人がいたら，その人には厳しく注意します」
と宣言しました。
　最初は黙って歩いていた子どもたちでしたが，途中で何人かの子がしゃべりました。教師はその声を聞きつけましたが，ほんのちょっとのことだったので無視してそのまま歩き続けました。
　結局，しゃべったら厳しく注意するという罰は実行されませんでした。このようなことが続くと，**叱られるというのは言葉だけで，実際には叱られないから，言われたことを守らなくてもいいと考える**子どもが現れます。そのような子どもたちが学級の規範意識を崩していきます。その原因は，教師が信賞必罰を怠ったことにあります。

❺ 教師の言動をぶれさせない

① 常に根本，本質，原点に返って考える

「言っていることがそのときそのときで違う」
「言っていることとやっていることが違う」
　こんな印象を子どもたちに与えたら，教師への信頼は失われてしまいます。信頼が失われてしまえば，教師の言葉そのものが受け入れられにくくなるので，学級経営の根幹が揺らぎます。ゆるみのない学級をつくる以前に，学級がうまく機能しなくなるのです。
　ところが，**教室で日常的に発生するいろいろな事態に，常に同じ言葉同じ内容で対応することは不可能**です。「以前こんなことを言った」という記憶は，多少はあってもおおかたは忘れているか曖昧になってしまうからです。
　そこでどうしても，根本，本質，原点をきっちりとつかんでおくことが必要になります。
「安全を第一に考える」
「利己よりも利他」
「継続と反復こそ成功への道」
　こういう**人生観，教育観**ともいうべき**根本，本質，原点**をしっかりもっていれば，多少の表現の違いはあっても，いつでもそれを規準として言葉を発することができるわけです。

② 対応を変えても方向性は変えない

　人を見て法を説け，と言われます。相手に応じて対応を変えることは大事

です。教室でも，子どもの性格，立場，家庭環境などに応じた対応をすることが求められます。

しかし，誤解してはならないのは，**対応を変えても方向性は変えてはならない**ということです。叱り方や叱る程度を変えても，叱るという方向性はいつでもぶれないということです。子どもによって叱られることへの耐性はまちまちですから，その子のレベルに合った叱り方が必要です。しかし，子どもによって叱ったり，叱らなかったりという対応をすると，根幹がゆらぎます。いつでも指導の方向性は変えないということが大事です。

③ 機会あるごとに根本，本質，原点を説く

「先生は，自分の命を守ることが何よりもまず大事だと思うよ」
このような，教師にとっての根本，本質，原点を，機会あるごとに子どもたちに伝えることも大事です。

そうしておくことで，いざ叱ったりほめたりしたときに，**どうして叱られたのか，どうしてほめられたのか，といったことを，この根本，本質，原点に照らして子どもが考えるようになる**からです。

こうすることで，子どもたちの言動にも，いつか根本，本質，原点が意識されるようになります。

Column

3秒…

　とにかくおしゃべりがすぐに始まる学級でした。一瞬たりとも沈黙の時間がないのではないかと思うほどでした。

　このままではマズいと思い，まず静かな状況を体験させるところから指導を始めることにしました。
　まず，
「どれくらいの間，だれもしゃべらないで黙っていられるか，ストップウォッチで計ってみようと思うんだけど，どう？」
と子どもたちに投げかけてみました。
「いいよ」
「結構オレたちがんばれるよ」
と，やる気十分です。
「わざとしゃべるのとか絶対ダメだからね」
「わかってるよ，オレたちを信用してよ！」
いつもおしゃべりが目立つ子が，なぜか俄然やる気を見せています。
「じゃあ，やるよ。ヨーイ，始め！」

　1秒，2秒，3秒。
「あれ？　まだ？」
「はい，そこまで～。3秒！」
「え～，たった3秒」

　なんとこんな状態からのスタートでした。

第2章 ゆるみのない学級をつくるための5つのポイント

❶ 厳しさと楽しさのバランスをとる

① 厳しさばかりでは疲れる

　ゆるみのない学級をつくるには，厳しさが絶対に必要です。しかし，厳しさが必要だからといって，朝から晩まで，月曜日から金曜日まで，4月から3月まで，ずっと厳しい対応をしていては，子どもも教師も疲れます。
　このような対応が続けば，学校が楽しくない，教師が厳し過ぎるという理由で登校をしぶる子も出てくるでしょう。保護者からの要望や苦情も増えるでしょう。そうなれば，学級をつくるどころではなくなってしまいます。

② 優しくしてもうまくいかない

　それならば，厳しい対応ばかりではなく，優しい対応をすればよいのではないかと思われるでしょう。しかし，これが案外うまくいきません。
　本来厳しく対応しなければならない場面で，反対に優しい対応をしたらどうなるでしょうか。**同じことをしても，あるときには厳しく注意され，あるときには優しく対応されるのでは，子どもは何を規準にして行動したらよいのか迷ってしまう**でしょう。その結果，規範意識そのものが低くなってしまいます。
　もちろん，厳しくしなければならない場面以外での優しい対応は有効です。ただ，優しい対応というのは，相手が困っているときや傷ついているときにはやりやすいのですが，何もないときに教師から積極的にしかけていくというのは難しいものです。

③ 優しい対応よりも楽しい活動を心がける

　ではどうしたらよいかというと，**楽しい活動をたくさん行うよう心がける**ことです。楽しい活動というのは，教師側からいくらでもしかけていくことができます。楽しい活動が増えれば，子どもたちもその活動を楽しみにするようになります。また，楽しい活動を子どもたち同士で行えば，お互いに仲良くなります。教師と一緒に行えば，教師と仲良くなります。
　きまりを守らせるためには厳しい対応もしなければなりませんが，それ以外では楽しい活動をたくさん行うことでバランスをとるのです。

④ 厳しさ二分，楽しさ八分でバランスをとる

　厳しさと楽しさのバランスは大事ですが，それは五分五分ではありません。
　基本は楽しくおもしろい学級経営を目指します。その中に**20%ほどの厳しさを盛り込むイメージ**です。厳しさ二分，楽しさ八分ということです。
　この割合を常に頭に入れながら学級を経営します。実際には，**いつでも楽しい授業，楽しいイベント，楽しいアクションを考えているくらいでちょうどよい**と思います。

バランスが大切

❷ 行為のみを叱る

① 厳しい指導も子どもがやらなければ無意味

　ゆるみのない学級をつくるには，厳しい指導が不可欠です。
　厳しい指導にもいろいろあります。
　どんなに時間がかかっても最後まで絶対にやり終えさせるのも厳しさです。にこやかな顔で多くの反復練習を課すのも厳しさです。できるようになるまで何度でも繰り返させるのも厳しさです。
　しかしそれらの厳しさも，子どもに実行させないことには絵にかいた餅に過ぎません。ところが，往々にして**厳しい指導をもって対応しなければならない子に限って，簡単には指示に従わない，ちょっとやっては止めてしまって最後までやらない**，といったことが多いものです。

② 厳しい指導の中心は叱ること

　給食の配膳の時間が騒々しく，時間がかかるしほこりが舞って衛生的にもよくないので，「配膳中は黙っている」ということにしたとします。
　このきまりを守らない子がいる場合，どうしたらよいでしょうか。
　はじめは繰り返したり諭したりするでしょう。でも，それでも守らない場合は当然叱ることになります。
　叱ることは厳しい指導の代名詞です。**子どもたちが考える厳しい教師というのは，叱るべきときには躊躇なく叱る教師，しかも叱り方に迫力があって，子どもが「もう叱られるのはご免だ」と思うほどの教師**です。

③ 叱ることは諸刃の剣

　叱ることは，厳しい指導の中心です。叱ることでゆるみのない学級をつくりやすくなります。叱ることには，それほどに大きな力があります。ただし，**適切に活用しないと問題も生じやすい諸刃の剣**です。
　前述の配膳中の指導で，私には大きな失敗経験があります。
　「配膳中は黙っている」というきまりをつくり，ほとんどの子は誠実にこのきまりを守っていました。しかし，中に数名，私の目を盗んではヒソヒソと話す子がいました。私はその子たちを呼んで叱りました。そのとき，ついこんなことを言ってしまったのです。
　「配膳中にはしゃべらないことと言っているのに，何度言ってもしゃべってしまうんだな。食べ物を前にして，ちょっといやしいんじゃないか」
　その日の放課後，保護者から苦情の電話がありました。
　「うちの子がいやしいとはどういうことか！」
というのです。
　完全に私の落ち度です。平謝りに謝って何とかお許しをいただきました。

④ 叱るときには行為のみを叱る

　最近の学校現場では，叱ることを躊躇したり否定したりしがちです。しかし，適切に叱れば，学級経営上の大きなプラスになるのは確実です。
　叱るときのポイントは，ズバリ**「行為のみを叱る」**ということです。その他のことは一切言う必要はありません。上の私の失敗例では，
　「衛生的によくないから，配膳中はしゃべらない」
　「何度注意されても態度を改めようとしないのは間違っている」
といったように，厳しい口調で言えばよかったのです。

❸ 叱りっぱなしにしない

① 叱ることは否定すること

　叱るという行為は，別の言葉で言えば，相手の行動を否定する，ということです。「宿題をちゃんとやってきなさい」と叱ることは，宿題をやってこないという行動を否定しています。「叩いてはいけません」と叱ることは，だれかを叩くという行動を否定しています。
　これは，**叱られる側からすると自分自身が否定されているとも受け取れる**わけです。
　一般に，否定したり否定されたりすることは，あまり歓迎されません。このこともあって，多くの人が叱ることにあまりよいイメージをもっていません。

② 子どもが叱られることに耐えられない保護者

　特に近年は，叱られることに耐えられない親と子が増えたように思います。叱ったことに対する苦情の増加がそれを物語っています。
　その要因の１つは，個人がより尊重されるようになったことでしょう。個人が尊重されるのは悪いことではありません。ただし，その意識が高じて，「自分は尊重されるべきであり，何事についても否定されるのは本意ではない」と考える人が増えてきているのではないでしょうか。
　小学生のうちはそこまで考える子は少ないですが，近年は親子の密着度が高くなり，子どもの受けた心理的負担を自分が受けたように感じ取ってしまう保護者が増えました。その結果，**子どもが叱られたことを自分が叱られた**

ように感じて，自分が否定されたと思ってしまうのです。

③ 叱るのは愛情と期待の表れだと繰り返し伝える

　しかし，否定することや否定されることには生産性もあります。否定されることで，過ちに気づくことができます。過ちに気づけば正しいあり方を知ろうという意欲がわいてきます。
　この否定＝叱りの生産性を学級経営に有効に生かしたいものです。
　そのためには「叱られる＝否定される」ことに対するマイナスイメージを取り除いておく必要があります。
　子どもたちを叱るのは，子どもたちの成長を期待するからです。期待しなければ叱りません。それは愛情でもあります。愛があるから叱るのです。**期待も愛情もなく相手の行為を否定するのは，単に怒りをぶつけているだけです。叱ることではありません。**
　このことを子どもや保護者に繰り返し伝えることが必要です。叱るのは，子どもの成長を期待しているから，愛情をもっているからこそだということを誠心誠意伝えるわけです。

④ 叱りっぱなしにしない

　叱るのは愛情と期待の表れだということを子どもに理解させるのに，重要なポイントがあります。それは，叱りっぱなしにしない，叱るだけで終わりということがないようにする，ということです。
　行為を叱った後，例えば次のように話します。
　「先生は，○○さんが本当はいい子だってわかっているんだよ。今日のことを直すと，もっともっといい子になれるからね。期待しているよ」
　叱られた子どもが，叱られたのに最後は気分がよくなってしまう，というのが最高の叱り方です。

④ 担任自身を理解してもらう努力を惜しまない

① 厳しい指導への苦情は少ない

　学級担任をしていたころの私は，非常に厳しい学級経営をしていました。子どもには常にきまりを守るよう要求しました。きまりを守らない子には，厳しく対応しました。例えば，宿題をやってこない子がいた場合の対応は，次のようなものでした。
　「どうして宿題をやってこなかったんだ？」
　「昨日はおばあちゃんの家に行っていたからです」
　「おばあちゃんの家にはどうして行ったんだ？」
　「おばあちゃんの誕生日だったのでプレゼントを渡しに行きました」
　殊勝なことですね。優しい子です。でも，私は手をゆるめません。
　「それは，昨日突然決まったことなの？」
　「いいえ，前から決まってました」
　「決まっているのなら，行く前に宿題ができたんじゃないか？」
　「時間がなかったんです」
　「何時から何時まで行ってたんだ？」
　「5時ごろ，お母さんが帰ってきたので行きました」
　「5時まで何をしていた？」
　「テレビを見てました」
　「おばあちゃんの家に行くとわかっていたのなら，その時間に宿題ができたんじゃないか？　どうしてやらなかった？」
　「………」

と，こんな具合です。**事情を丹念に確認しつつも，宿題ができるのにやってこなかったという事実は許さない**わけです。

　このようなやりとりを見ると，非常に厳しいと感じる方もいると思いますが，このような対応に対して「厳しすぎる」「子どもの気持ちを考えていない」といった保護者からの苦情や申し入れはほとんどありませんでした。

② 担任自身を理解してもらう努力を惜しまない

　上の例では，非は宿題を忘れた子にあるので，子どもも保護者も仕方がないと思っていた面もあるでしょう。それに加えて，**自分自身のことや，自分の思い，考えを，学級通信や学年通信に書いて子どもや保護者に常日頃から伝えていた**ということの影響も大きかったのではないかと思います。

　例えば，自分の好きな言葉やエピソードを子どもたちに語り，語ったことを学級通信や学年通信に書いてきました。これが，子どもや保護者に私自身を理解してもらうことにつながったのです。

　相手をよく知っていたり，近い関係だったり，親近感をもっていたりすると，同じことを見たり聞いたりしても，怒りなどのマイナス感情は弱くなるものです。担任のことを伝える回数をなるべく多くしておくことも，厳しい指導をするうえで不可欠のことです。

担任自身を理解してもらう努力が大事

❺ 「愛語」で叱る

① 叱ることは教育技術

　叱ることは，立派な教育技術の1つです。指示，発問，板書に，効果的な指示，優れた発問，わかりやすい板書の方法論があるように，叱り方にもきちんとした方法論があり，それに則って叱ることで，教育の効果を上げることができます。
　技術であるからには，伝達することが可能です。客観視することも可能です。しかし，ともすると叱るという行為は，感情とペアになって語られます。感情とペアになっている限り，冷静に客観視することはできません。**教育技術である以上，冷静に客観視できるようにすることが必要**です。

② 「相手のためを思って叱る」は欺瞞か

　叱ることが教育技術の1つだと考えれば，**「子どものためを思って叱る」という一点は絶対に譲れない**ものとなります。
　よく，
「相手のためを思って叱るというのはうそで，叱っていると言いながら相手に自分の不満や怒りの感情をぶつけているだけだ。自分の感情のはけ口として叱っているのであって，相手のために叱っているのではない」
という意見を聞きます。
　確かに，そういうこともあり得ます。そして，それは叱ることではなくて怒ることだと言われることもあります（叱ることと怒ることについてはここ

では述べません。『できる教師の叱り方・ほめ方の極意』(学陽書房)に詳しく書いています)。しかし,当然のことながら,教育現場での叱る行為は,感情のはけ口であってはなりません。

ただし,**叱る技術の1つとして,「感情的に叱る」という方法もある**ことは付言しておきます。

③ 自立を願って「愛護」で叱る

私たちはなぜ「ゆるみのない学級」をつくろうとするのでしょうか。
なぜ「ゆるみのある学級」ではよくないのでしょうか。
それは,**ゆるみのある学級は,子どもたちが自立するための環境として有効ではないことが多い**からです。
私たちは,子どもが将来自分の判断で行動し,その判断や行動が社会から否定されることなく認められ,できれば歓迎され,その結果として子ども自身にもその周囲の人にも,ひいては社会にも幸福をもたらすことを望んでいます。それこそが子どもが「自立する」ということです。
教育活動が子どもの自立を願って行われるのであれば,その教育活動を支える教育技術も子どもの自立を願って行使されなければなりません。
道元は,
「愛語よく回天の力あることを学すべきなり」
と述べています。
「愛語」とは,温かい心のこもった言葉,またはその言葉をかけることです。それは表面上の優しさやほめ言葉ではありません。本当の意味で相手のことを思って,温かい心でかける言葉です。
子どもたちを叱る言葉もまた,「愛語」でなければなりません。「愛語」でない叱る行為は,教育技術ではありません。
子どもたちの自立を願って愛語で叱ることが,教師には課せられているのです。

トリプルハンカチ

　忘れ物の改善にがんばって取り組んでいたときのことでした。
　学級でがんばって忘れ物をなくそうとしているのですが，ついうっかりハンカチを忘れてしまうことが多い男の子がいました。他の忘れ物が多いという訳ではないのですが，なぜかハンカチは忘れてしまいます。

　グループ対抗で，忘れ物の少なさを競っていたこともあり，その子自身も忘れることを気にしていました。また，グループの他のメンバーからもやんわりとしたプレッシャーをかけられていたようです。

　その子に，どうしたら忘れなくなるかと相談されたので，「忘れ物クン」を教えてあげました。
　これはこぶし2個分くらいの大きさの熊のぬいぐるみです。忘れてはならないものがある日は，これをランドセルにぶらさげて帰ります。家に帰れば嫌でも目立つので，何か持っていくものがあることにすぐに気がつきます。
　しかし，この子はこの画期的なアイテムがお気に召さなかったようで，活用しませんでした。

　ただ，彼のハンカチ忘れは急激に減り，ほとんど忘れないようになったのです。不思議に思った私がその子に尋ねてみると，ちょっと照れくさそうに教えてくれました。
　「実は…，ハンカチをあと2つ持ってるんです。1つはランドセルの中，もう1つは机の中に入ってます。忘れたときはそれを使うんです」
　ああ，なるほど！　でも，どこか違っているような…。

第3章 こんなゆるみを，こう引き締め，立て直す！

1 基本的な生活習慣のゆるみ

返事やあいさつをしない

> 名前を呼ばれてもはきはきとした返事ができない子，朝の廊下で先生に会っても「おはようございます」を言わない子がいます。返事やあいさつは集団で生活をするうえで欠かせないものです。子どもたちが，よい返事やよいあいさつができるように指導することは，教師の大事な役割の1つです。

 ### 返事やあいさつで最も大切なことは「声」

　返事やあいさつは，集団生活を円滑にするためには欠かせないものです。生活習慣の基本でもあります。
　返事やあいさつをするうえで最も大事なことは「声」です。どちらも相手に聞こえなくては意味がありません。そのためには，適度な大きさが必要です。ただし，大きければよいというものでもありません。聞いた人が不愉快にならないよう，張りのある明るく軽い声でする ことも重要です。さらに，返事は声をかけられたら即座にする，あいさつは相手に正対して顔を見てする，どちらもよい表情でする，といったことができればなおよいでしょう。

 ### 返事やあいさつをしない子どもが目立つ

　名前を呼ばれても返事をしない子がいます。朝，廊下ですれ違ってもあい

第3章 こんなゆるみを，こう引き締め，立て直す！

さつをしない子がいます。こちらから声をかけてもあいさつが返ってこないこともあります。教師にさえあいさつをしないのですから，来校者へのあいさつもできません。登下校中の交通指導員さんや近所の方へのあいさつもできません。校外学習などの行事で施設を訪れても，施設の方々にあいさつができません。

 班対抗ゲームで意欲を持続させる

❶返事もあいさつも，いつでもだれにでもしなければならないということを，毅然とした態度で子どもたちに告げなければなりません。「できるといいね」などという弱い言い方でなく，きっぱりと告げます。

❷よい返事，よいあいさつとはどのようなものかを説明し，教師がお手本を示します。できている子にやってもらってもよいでしょう。

❸毎日，健康観察を兼ねて1人ずつ呼名して返事をさせます。上手ならほめ，下手ならやり直しをさせます。また，座席の順に1人ずつ起立させ，教師から元気に「おはようございます」と言い，「おはようございます」と返させます。上手ならほめ，下手ならやり直しをさせます。

❹返事やあいさつの上手な子に1点を与え，班対抗で得点を競うゲームを行い，意欲を持続させます。

 「高い声」を意識させる

①張りのある明るく高い声で返事やあいさつをできるようにするために，「高い声」を出させます。ピアノで声の高低を意識させるのも効果的です。

②地声の小さい子もいるので，大きい声を出させることにあまりこだわりすぎないようにします。

③ゲームは楽しんで行い，子どもが真剣になりすぎないように注意しましょう。

 基本的な生活習慣のゆるみ

言葉づかいが悪い，ていねい語で話さない

> 目上の人に対していつもていねい語で応対できる子どもの姿は，実にさわやかで，すがすがしいものです。しかし，実際には教室で教師に対してていねい語で話さない子がいます。低学年ならまだしも，高学年でもそういう子がいます。これは教師の指導不足と言わなければなりません。目上の人にはていねい語で応対させることが基本です。

 **教師やお客さんにはていねい語で話す**

　時と場所と場合，いわゆるTPOに合わせて適切な語彙を選び，適切な話し方（速さ，抑揚，間など）で話すことが理想です。しかし，それは大人でも難しいでしょう。そこで，最低限2つのことを目指します。
　1つは，教師やお客さんに対してはていねい語で話すことです。尊敬語や謙譲語も使えればなおよいでしょう。そしてもう1つは，友だちに乱暴な言葉を使わないということです。

 **高学年になってもていねい語で話せない**

　低学年の子が教師やお客さんに対してていねい語で話さないことは，発達段階を考えれば許される範囲でしょう。もちろん，低学年の子でも指導すればできるようになります。問題は，中学年・高学年になっても教師やお客さ

んにていねい語で話せない子がいるということです。これは明らかな指導不足です。「子どもらしくてよい」「親しみがあってよい」と放置しておくのは間違っています。

　子ども同士での乱暴な言葉づかいには2種類あります。1つは言葉そのものは乱暴ではないが相手が気にする場合，もう1つは言葉そのものが乱暴な場合です。前者の例は，背が低いことを気にしている子に「背が低いね」と言ってしまうことなどです。後者の例は「バカ」「殺す」などです。「バカ」などは，関係性や使い方によっては絶対的に悪い言葉とは言いきれませんが，近年は言葉を表面的にしか理解しない嫌いがあるので，より注意が必要です。

指導　アンテナを高くして「常時指導」

❶「先生やお客さんに話すときには，『です』『ます』をつけて話します。これを『ていねい語』といいます。ていねい語で話すと，『この子は礼儀正しい子だな』と相手の人に思ってもらえます」ときちんと説明をします。

❷言葉づかいの指導の基本は「常時指導」です。常に教師がアンテナを高くして子どもたちの言葉を聞き，できていなければその都度指摘してやり直しをさせます。

1 基本的な生活習慣のゆるみ

話を聞かない，
聞こうとしない

> 聞く（聴く）力は学力の根本であり，生活の基本です。しかし，正しい姿勢で大事なことを落とさずに聞く，ということができていない子どもがいます。そういう子が放っておかれていないでしょうか。聞く力が身につけば，その子にとって一生の宝物となります。

理想　黙って教師に正対正視して聞く

　教師が話を始めると，たとえ作業中であってもその作業を止め，すぐに口を閉じ，教師の方に体を向け，教師の顔を見て話を聞きます。背筋を伸ばした姿勢はなかなか崩れません。学年が上がると，教師の話にうなずいたりメモをとったりしながら聞くことができます。大事なことを落とさずに聞き，すぐに行動に移すこともできます。教師が話しながら場所を移動すれば，子どもたちの身体の向きも教師に合わせて変わります。

　これらの所作が，友だちが話しているときにも同じようにできると，さらにすばらしい状態と言えます。

現状　作業を止めない，教師を見ない，動きが止まらない

　教師が話し始めても注目しない子がいます。自分がやっていることややりたいことを止めることができません。教師に注意されて作業を止めたとして

も，終始手や足が動いていてじっとしていません。友だちが発表するときも，話し手を注視することもなく，すぐに手いたずらが始まったり，足を動かしたりします。また，聞いているような格好はしていても，実際には大事なことを聞き落としている子どももいます。

指導　姿勢の練習と根気よい個別指導

❶「傾聴」という言葉とその意味を教えましょう。「聴」という文字は，「真っ直ぐな姿勢，真っ直ぐな心で耳を傾ける」という意味です。背と腰を伸ばし，教師に正対正視して，素直な心で聞くのが正しい聴き方です。

❷次に，実際に正しい姿勢で話を聞く練習をします。そして，その姿勢をなるべく長く続けられるようにします。教師が話す際には，全員がその姿勢をするまで待つことも重要です。

❸身体が動いてしまう子，よそ見をしてしまう子，手いたずらが始まる子には，共通してその自覚がありません。ですから，発見したらそれを根気よく指摘することで自覚を促すことが必要になります。繰り返すようならば，ときには厳しく注意することも必要です。

$$聴 = 古 + 心 + 耳$$
$$(直)$$

真っ直ぐな　姿勢　で耳を傾ける
　　　　　　心

① 基本的な生活習慣のゆるみ

靴をそろえない

> 　履き物をそろえると心もそろう，と言われることがあります。履き物をきちんとそろえることは基本的な生活習慣指導の第一歩でもあります。履き物をそろえようと思う心が育つと，まわりを見る目も育ちます。しかも，昇降口は学校の玄関ですから，学校への評価も高まります。

👍 理想　全員の靴が同じ方向を向いてきれいにそろう

　靴箱の靴が全員きれいにそろっています。靴は，つま先が見える方向にそろえる方が美しく見えます。しかし，その方向で靴箱に入れるのは，低学年の子にはやや難しいので，かかとが見えるように入れてもよいでしょう。大切なのは，統一されているということです。

　玄関などで靴を脱ぐときにも，脱ぎ方やそろえ方がマナー通りにできる子はとても賢く見えます。校外学習で施設を訪れて靴を脱ぐときにも，上手に脱いでそろえられると，それだけで好印象です。

👎 現状　左右がバラバラで脱ぎっぱなしの靴も見られる

　靴箱が乱雑な状態です。左右の靴がバラバラで，ぴったりくっついている靴はほんのわずかです。ひどいものは重なっていたり，片方が靴箱から落ちていたりします。もっとひどいものは靴箱に入っていません。

第3章　こんなゆるみを，こう引き締め，立て直す！

　外出時の靴の脱ぎ方も同じで，きちんとそろえることができません。左右の靴があちこちに散らばっていることさえあります。教師がそろえるように言えばそろうこともありますが，言わないとそろいません。

指導　乱雑さを自覚させ，自分で直させる

❶まずは，靴をそろえるのは礼儀作法の1つだと教えます。かかとを見せるかつま先を見せるかは学校の方針でよいのです。方針に合わせるのも作法の1つだからです。

❷靴箱まで全員を連れて行き，自分の靴を見せて，直したいと思った子どもに直させます。自分で直させることが肝心です。

❸靴の入れ方をチェックします。これは教師が行います。そして上手な子，上手な班をほめます。できていない子はやり直させます。

❹高学年の子どもたちには靴の脱ぎ方も指導します。後ろ向きに靴を脱ぐのはマナー違反です。正面を向いて靴を脱ぎ，脱いだ靴を手で持って180度回転させて置きます。置く場所は玄関の隅の方です。

> 自分の靴を見て，
> 直したいなと思った人は
> 直しましょう

1 基本的な生活習慣のゆるみ

脱いだ服がぐちゃぐちゃ

> 服をきちんとたたんでいるかどうかのチェックは，担任でも甘くなってしまいがちです。先に運動場に行ってしまったり，子どもたちの先頭に立って整列をさせ，そのまま先導して行ってしまったりして，着替えた後の状態をチェックすることが少ないからです。一度意識してチェックしてみるとよいでしょう。

理想　きちんとたたんでいすの上に置いてある

体操着に着替えた後の普段着をていねいにたたんでいすの上に置き，いすもきちんと入れています。服の一般的なたたみ方に沿ってきれいにたたんでいます。着替えた後でも，服が目につくことなく，教室内が美しく整っている状態です。

現状　丸めて机の上にあったり，床に散乱していたりする

脱いだ服が脱ぎっぱなしになって，そのまま机の上に置いてあったり，ぐるぐると丸めて置いてあったりします。ひどい場合は，机のまわりの床の上に散乱しています。

考えられる原因は２つで，たたみ方を知らない，たたんでおくことがマナーだということがわかっていない，のいずれかです。ただし，低学年の子ど

もの中などには，たたもうとしても手先が不器用でうまくたためない子がいる場合があります。

指導 ✋ たたみ方を教え，できるまで確認する

❶脱いだ服は，たたんでいすの上に置いておくと美しく見えること，他の人に不快な思いをさせないことがマナーであることを教えます。
❷服のたたみ方を教えます。半袖のシャツ，長袖のシャツ，半ズボン（スカート），長ズボンのたたみ方を教えるとよいでしょう。
❸着替えるときを見計らって，きちんとたたんでいすの上に置くまでを確認します（別室に分かれて着替えることになっている学年では，着替えた後で服を教室に持って来て，いすの上に置かせます）。そして，きちんとたたまれているかどうかを一人ひとり教師がチェックします。全員がきちんとできたら，黒板の前に子どもたちを集め，そこから教室内を見渡させて，とても美しくなっていることを確かめます。
❹体操着から普段着に着替える際も，体操着をきちんとたたんで体操着入れに入れさせるようにします。

注意 ✋ 定期的なチェックを怠らない

①服のたたみ方にはいくつかの方法があります。子どもによって家庭によってたたみ方が違うはずです。したがって，きちんとたためていればたたみ方を無理に統一する必要はありません。
②不器用でなかなかたためない子もいます。家庭にお願いして練習をしてもらったり，学校でも根気強く教えたりしますが，どの学級にもいる面倒見のよい子に何度も教えてもらうのがよい方法です。
③一度できるようになっても油断せず，定期的に教師がチェックをして継続できるようにすることが肝心です。

① 基本的な生活習慣のゆるみ

服装が乱れている

> 　服装は子どもの生活習慣を見とる1つの指標です。服装が乱れてきたり，急におしゃれになってきたりしたときには注意が必要です。ただし，服装は個人の好みの範囲でもありますから，一概に強制はできません。教えるべきところは教え，範を示し，説得は試みますが，行き過ぎるとトラブルの原因にもなるので指導には注意が必要です。

理想　清潔でさっぱりとした服をＴＰＯに合わせて着る

　いたずらに流行を追ったりせず，子どもらしく清潔でさっぱりとした服装をしています。着方も常識的で，奇をてらったりわざとだらしなく着たりするということがありません。
　気候の変化に合わせて脱ぎ着したり，ＴＰＯに合わせて服を選んだり着替えたりすることもできます。

現状　過度なおしゃれ，着崩し，ＴＰＯの無視

　ほとんどが高学年の女子ですが，おしゃれに敏感になるあまり，過度に流行を意識した服を着ています。活動に不向きだったり，服が汚れるのを気にして活動しないこともあります。男子では，高学年になると，いわゆる"腰パン"をする子が出てきます（自然に腰パンになってしまうだらしない子も

います)。

　暑くなってきても重ね着のままでいる子，寒くても薄着のままでいる子もいます。

指導　教えるべきことは教え，家庭の方針にも配慮する

❶気候に合わせて服を調整することを教えます。中には「暑くない」「寒くない」という子がいます。自分の感覚がわからないのです。そこで，強制はしませんが，適切な服装の子にモデルになってもらうとよいでしょう。

❷冬場の行事で表彰されるとき，ベンチコートを着たまま登壇する子がときどきいます。場をわきまえた服装について指導が必要です。

❸服装の指導は家庭の方針と大きくかかわるので，十分に配慮しないとトラブルのもとになります。まずは，「安全な学校生活に支障を来す（腰パンなど）」「活動の遂行に支障を来す（おしゃれに気をとられて学習に集中できない，服装のことでトラブルになる，など）」の2点について懸念される服装は注意することを，保護者に了解してもらいましょう。

❹高学年ならば，子どもたちと学級のきまりをつくります。

1 基本的な生活習慣のゆるみ

髪型が乱れている

> 髪型が大きく乱れるということは，小学校ではあまりないかもしれません。髪の毛を染めている女性教師も多くなっていますので，髪のおしゃれの許容範囲は広がっていると言えるでしょう。注意したいのは，前髪が目にかかっている場合と，活動上の不都合が生じるほど髪が長い場合です。

理想 視力の低下や学習活動の妨げにならない

クリアするべき条件は以下の2点です。1つは，前髪が目にかかって視力低下の原因になったり，長過ぎて運動や他の学習活動の妨げになったりしないということです。もう1つは，髪型が気になり，学習に集中すべき時間をそちらにとられることがないということです。

現状 目にかかる髪，おしゃれを意識し過ぎた髪

髪の毛が目にかかっている子は意外に多くいます。前髪が長い方が大人っぽく見えるということが理由かもしれません。こういう子は前髪を左右に振り分けようとする動きを無意識にするので，頻繁に頭を左右に振ります。こういった行動も集中力を低下させる要因の1つと考えられます。

また，高学年（特に女子）になると，おしゃれへの意識が高まり，自分の

第3章　こんなゆるみを，こう引き締め，立て直す！

好みの芸能人の髪型を真似したりするようになります。そのこと自体が必ずしも悪いわけではありませんが，頻繁に鏡を見たり，髪型を気にしたりすることで集中力の低下を招きやすくなります。

指導　健康に悪いこと，集中の妨げになることを説明する

❶前髪が目にかかっていると，次の点でよくないということを，子どもに説明し，保護者にも理解してもらいます。保護者に対しては，学級懇談会で説明したり，保健だよりで取り上げてもらったりするとよいでしょう。

- 前髪の先が目に入るとチクチクし，ひどいときは角膜を傷つけたりする可能性があること。
- 目の前にある髪の毛を頻繁に見ることになり，視力が低下するおそれがあること。
- 髪の毛を左右に分ける必要があり，手で払ったり頭を振ったりするため，授業に集中できないこと。

❷髪の毛が長過ぎると，運動の妨げになったり活動の妨げになったりするということを，子どもにも保護者にも説明します。
❸おしゃれの度が過ぎる子には，過度なおしゃれは必要ないこと，学習への妨げとなることを説明します。

注意　選択は子どもや保護者に委ねる

①髪型は家庭の方針ともかかわるデリケートな問題なので，強制的に変えさせたり，強く指導したりすることは慎重に行う必要があります。
②指導すべきことはきちんと指導し，選択は子ども自身や保護者に委ねるというスタンスで臨みます。

１ 基本的な生活習慣のゆるみ

忘れ物が多い，
忘れ物を気にしない

> 忘れ物は学級における永遠の課題です。忘れ物があると子どもも教師も困りますが，お互いに心のどこかで「仕方がない」とあきらめてしまいます。実際，学級の忘れ物を根絶するのは難しいことでしょう。そういった現実を踏まえると，「忘れ物をしないための努力を怠らない」ことを指導するのが，一番子どもたちのためになります。

👍 理想　忘れ物をしないための努力ができる

　学級内に忘れ物がまったくないのがもちろん一番の理想ですが，現実を踏まえて目指すべきところは，忘れ物をしないための努力を怠らない学級にすることです。学級の子どもたち全員が，忘れ物をしないようにという意識をもって，そのために必要な確認作業などを怠らない状態です。

👎 現状　忘れ物をしてはいけないという意識が希薄

　毎時間学級のだれかが忘れ物をしています。つまり，忘れ物をしてはいけないという意識そのものが希薄な状態であるということです。また，忘れ物を少なくするためにどうすればよいのかの指導がなされておらず，子どもたちもその努力をしません。教師も子どももあきらめてしまっている状態とも言えます。

第3章 こんなゆるみを，こう引き締め，立て直す！

指導　細かなチェックと繰り返し指導

❶連絡帳に明日の準備物をきちんと書かせ，チェックします。チェックは高学年であっても，最初は担任がきっちりとやります。徐々に子ども同士の相互チェックに移行していっても構いませんが，それでもときどきは担任が相互チェックをチェックします。

❷家で連絡帳を見ながら準備することを指導します。特に授業の準備は，記憶に頼ったり，前日と同じだと思い込んでチェックしない子が少なくありません。これが忘れ物がなくならない大きな原因の１つです。そこで，すべてを１つずつていねいにチェックすることを指導します。

❸上記の指導は，説明しただけではきちんと理解できない子どももいます。そこで，教室を家に見立てて，家でするのと同じように準備の練習をさせます。ランドセルを机の上に置き，１つずつ確認して入れさせます。準備ができたら連絡帳の準備物にチェックを入れます。

❹翌日持って行くものは，必ずその日のうちにランドセルに入れさせます。入れないでそばに置いておくと，朝慌ててしまい忘れるもとになります。これは簡単なことのようですが，面倒がってなかなかできない子どももいます。その弱い自分に打ち克てるかどうかが，忘れ物がなくなるかどうかの大きなポイントであると言えます。

❺ここまできちんとできれば，忘れ物は激減します。しかし，そう簡単には根絶しませんし，持続しません。それは，上記の忘れ物をしないための努力が継続しないからです。ですから，この指導を何度も繰り返し行っていくことが重要です。

❻忘れ物指導は，自立のための指導であると言えます。忘れ物をしないための努力を実行できるようになることが自立につながります。子どもたちの意識の高まりによって忘れ物が少なくなってくると，学級が見違えるようになります。

① 基本的な生活習慣のゆるみ

整理整頓ができない

> 自分のものを整理整頓しないのは，単にだらしがないということで済みます。しかし，みんなのものを整理整頓しないのは，だらしないということ以上に，公共の精神が欠けているということが問題です。決まったところに決まったものを置いておくというのは，学習の効率化という点でも大事なことです。

理想　だれもが定物定所を心がけている

　靴箱，傘立て，ロッカー，道具箱，机の中，清掃用具…こういったところがきちんと整頓されています。使ったものが元あった場所に当たり前のように戻ります。また，たまたま忘れた子がいたとしても，それがずっとそのままになっていることがありません。だれかが気づいて片づけるからです。

現状　自分のものもみんなのものも使いっ放し

　ロッカーや傘立てが乱雑になっていて，ひどいときにはものがロッカーからあふれて床に散乱しています。自分のものでも，みんなで使うものでも，使ったら使いっ放しにする子がいて，道具が元の場所に戻らなかったり，足りなくなったりします。

第3章 こんなゆるみを，こう引き締め，立て直す！

指導　見本を示してチェックを繰り返す

❶どのように整理整頓をするのがよいのかモデルを示します。実際に，靴箱や傘立てのある場所に行き，子どもたちに整頓させます。きれいにできたら，その場で写真を撮ります。このとき，整頓した子どもたちも一緒に映るように撮っておきます。ロッカーや机の中なども，きちんと整理させた後で写真を撮っておきます。机の中や道具箱の写真はモデルを引き受けてくれる子を募集して撮影します。

❷それらの写真を見本として掲示します。靴箱や傘立て，ロッカー等に掲示する際は，ラミネート加工をしておくと，長く掲示しても傷みません。机の中や道具箱の中の写真は，印刷して一人ひとりに配ります。

❸学級で使うペンなどの小物には，番号を書いたラベルを貼っておくと，1つの箱に同じ色が2本，3本と入ることがありません。

❹これらはときどきチェックして，きちんとしているかどうかを確認します。これも子どもまかせにせず，最初は担任がチェックします。きれいに整理整頓されている子を紹介したり，表彰したりすると意欲づけになります。

注意　教師には根気強さが必要

①なぜ整理整頓ができないかと言えば，それは，整理整頓が習慣化されていないからです。一つひとつのことが習慣化するまで，根気強く声をかけてやらせることが必要です。

②もう1つ，整理整頓をしなければならないことはわかっていても，面倒になってしない場合もあります。翌日の準備と同じように，すぐに行動できるということが非常に重要です。これも根気強く声をかけることが基本ですが，ゆるみが目立つときなどは厳しい指導も必要です。

Column
直らなかった敬礼

　5年，6年と持ち上がりで担任をしたときのことです。

　学年は4学級ありました。高学年なので教科担任制を取り入れ，それぞれの学級の担任が他の3学級の授業も行っていました。私は，国語を担当していました。

　学年主任だったので，学年の基本的な生活習慣にも目を配っていました。その一環として，授業の最初と最後のお辞儀をきちんと「敬礼」(p.85参照)で行いました。もちろん，私も敬礼をしました。

　最初はなかなか敬礼ができない，そろわない子どもたちでした。でも，2年間も指導していると，いつの間にか敬礼が自然にできるようになりました。いつでもどこでもきちんとしたお辞儀ができるのは大変気持ちのよいものでした。

　ところが，最後に来て1つだけ困ったことが起こりました。
　この子たちの卒業式の練習のときです。

　卒業証書をいただく前と後にお辞儀をします。普通は，このお辞儀の練習から何度もしなければいけません。でも，この学年では普段から授業の前後に敬礼をしています。お辞儀の練習はまったく必要ありませんでした。どの子もどの子も実にていねいできれいなお辞儀をしていました。それは見ていてもとても気持ちのよいものでした。

第3章 こんなゆるみを,こう引き締め,立て直す！

　そんなわけで,大変いい気分で卒業式の練習を続けていたのです。
　ところが,卒業式の予行の後,教務主任の先生から,
「卒業証書授与の時間がいつもより長くかかっているんですけど,もうちょっと短縮できないでしょうか？」
と言われました。
　学年4学級もありますから,証書授与の時間だけでも相当かかります。できれば短縮してほしいということなのでした。

　そこで,学年の先生方と一緒に改めて卒業証書授与のときの動きを見てみました。そして,わかりました。卒業証書授与に時間がかかるのは,お辞儀がていねい過ぎることが原因だったのです。

　子どもたち全員が実にていねいに敬礼をするために,お辞儀だけでかなり時間がかかっているのです。そこで子どもたちに,
「みんなのお辞儀は実に見事で,ていねいで美しいから,先生たちは見ていてとても気持ちがよいです。すばらしいです。しかし,残念なことに卒業式全体の時間が決まっていて,卒業証書授与の時間がちょっと長過ぎるのだそうです。そこで申し訳ないのだけど,ていねいさは少しなくなるけどややお辞儀を速くしてください。よろしくお願いします」
とお願いしました。
　そして練習。お辞儀がやや速くなり,全体の時間も短縮されました。

　ところが…
　卒業式当日,子どもたちのお辞儀は見事に敬礼に戻っていたのです。
　呼名しながら,申し訳なさと,ちょっとしたうれしさの交じった複雑な気分を味わっていました。

53

② 学級集団のゆるみ

学級のルールやきまりを守らない

> 「ルールやきまりを守らなくてもいい」という空気ができ上がってしまっている学級には，どんなルールやきまりがあっても意味がありません。つまり，どんなルール，どんなきまりをつくるかを考える前に，「ルールやきまりは守って当然」という学級の空気をつくり上げることが重要です。

理想　ルールやきまりは守るのが当たり前と思っている

　「ルールやきまりを守るのは当たり前」という共通認識が学級の中にでき上がっています。ですから，「きまりを守らないことがなぜ悪いのか」などといったことを改めて担任が説明したりする必要がありません。ルールやきまりを守れなかった場合は自分の落ち度だというところまで全員が常識としてわかっています。

現状　ルールやきまりを守らない子がいるのが普通

　ルールやきまりを守らない子どもがいるのが当たり前になっています。例えば，「授業中私語は慎む」「帰りの会が始まるまでに帰る用意をして席に着く」といった当たり前のことができません。
　これは，知らず知らずのうちに「学級の何人かはルールやきまりを守らな

くても仕方がない」「〇〇君はいつもだから…」といった空気が学級の中に蔓延しているからです。

指導 きまりやルールを守る空気をつくり上げる

❶小さなきまりやルールをきっちりと守らせることから始めましょう。例えば「5分以内に帰りの用意をして席に着く」と決めます。そして「守れない場合，守れなかった理由を考えて作文を書き，翌日提出する」と宣言します。これをきっちりと実践します。5分はタイマーを使って計測し，席に着いたかどうかは教師が確実にチェックします。守れなかった場合の作文の提出も確実に実行させます。このような指導を積み重ねることで，「ルールやきまりは守らなければならない，守るのが当たり前」という空気を学級の中につくり上げていきます。

❷きまりを教師から提案しても差し支えありませんが，一方的に決めてしまうと子どもたちは納得できません。そのきまりがなぜ必要なのかを十分に説明し，子どもたちに納得させることが必要です。高学年では，場合によっては子どもたちに決めさせるのもよいでしょう。

2 学級集団のゆるみ

落とし物，なくし物が多い

> 　学級内で落とし物があると，持ち主を探すのに学級全員の時間を割くことになります。中には「なくなっても構わないから名前は書かない」といった極端な考えをもつ保護者や子どももいるかもしれません。しかし，落とし物は自分だけの問題ではなく，他の人にも迷惑をかけることになるということをしっかりと教える必要があります。

理想　ものに名前が書いてあり，落とし物が持ち主に返る

　うっかり落としてしまったり，なくしてしまったりすることは，だれにでもあるものです。それでも持ち主のわからない落とし物が少ない学級には，2つの理由があります。1つは，名前がきちんと書いてあるために所有者に戻りやすい，ということです。そしてもう1つは，ものが落ちているのに気づいた子どもがそれを拾って持ち主に返すという習慣が学級に根づいている，ということです。

現状　無記名のものが多く，落とし物を拾わない

　まず，自分のものに名前を書かない子が多いという状況があります。そのため，落ちているのがだれのものかわかりません。だれのものかわからないものにかかわるのは面倒なので，拾って持ち主に返そうという気にならず，

放っておくことになります。それが当たり前になると，記名されているものすら拾わなくなります。こうして落とし物，なくし物が増えていきます。

指導　指導したそのとき，その場で名前を書かせる

❶自分のものに名前を書くように指導します。しかし，これはほとんどの教師が口を酸っぱくして言っているでしょう。それでも名前を書かない子がいるから困るのです。ポイントは，名前を書くよう指導したそのとき，その場で書かせることです。書いたらとなり同士でチェックさせます。教師もときどきチェックし，書いていなければやはりその場で書かせます。

❷落とし物を見つけたら名前を確認して持ち主に返すよう指導します。問題は無記名の落とし物の場合です。まずは落ちていた場所のまわりの子に尋ねさせます。だれのものでもない場合は教師に預けさせます。この手順を示しておくと，無記名の落とし物を拾うことを躊躇しなくなります。

❸子どもたちから落とし物が届いたら，教師から学級全員に声をかけます。各自1つしか持っていない大事なものの場合，全員にそれを机の上に出させ，持っているかどうかチェックします。鉛筆や消しゴムなどの持ち主がどうしてもわからないときは，教室備品として再利用します。

② 学級集団のゆるみ

けが人が後を絶たない

> 毎日のようにだれかがけがをして保健室に行っているような学級があります。子どもも危険ですし，担任も時間を奪われて大変です。避けられるけがはしないに越したことはありません。けがの原因は，ルール無視や周囲の状況に気を配らないことですが，近年は転びやすかったり，転んでも手が出なかったりすることもあり，注意が必要です。

理想　避けられるけがをすることがほとんどない

けがには避けられないけがと避けられるけががあります。避けられるけがとは，危険な場所に行かない，危険な行為をしない，周囲を確認して危険だと思った行為はしない，といったことで回避できるけがのことです。そして，これらを守っていても起こる想定外のけがが，避けられないけがです。普段からの危機管理意識がしっかりしている学級では，避けられるけがが発生することがほとんどありません。

現状　本来避けられるけがが避けられない

危ないから近づいてはいけない場所に近づき，遊んではいけない場所で遊んでしまいます。また，階段を１段飛ばしで上り下りしたり，まわりをよく確かめずにバットを振り回したり，ボールを蹴ったりします。このように，

第3章 こんなゆるみを，こう引き締め，立て直す！

ルールを無視したり，不注意であったりするために，本来避けられるけがが頻繁に起こります。

指導　予防は実地で，チェックは教師の目で

❶危険防止のために決められた学校のルールは，厳守するように話します。守られているかどうかは，必ず担任が自分の目でチェックしなければいけません。

❷とはいえ，言葉で説明するだけでルールを守れる子は，そもそも危険なことをしません。言葉で言っただけではわからない子がいることを踏まえて，実地で確認することが大事です。

❸危ない行為を続ける子には厳しく注意します。それでも繰り返すようならば，「休み時間は教室で過ごす」「移動は必ず先生と一緒」「遊びは決められた場所でなわとび」などのペナルティを課します。

❹近年は，転んでもとっさに手が出ず顔をけがする子が増えています。1年生のころから外で体をたくさん動かして遊ぶ体験をさせることも大事な指導の1つです。転んで手を出す練習もするとよいでしょう。

② 学級集団のゆるみ

ものが壊れる，壊される

> 学級内でものが壊れると，困ったことがいくつも生じます。まず，それが使えない不便さ。次に，修繕したり購入したりするための余計なお金。また，壊れたものでけがをしないとも限りません。場合によっては，壊した人物が壊したことを報告に来ないことに対するいらだちなどもあります。

理想　扱いがていねいで，元の場所にきちんと戻す

学校や学級の備品の扱いがていねいで，無理に使って壊すことなどがありません。使った後も元の場所にきちんと戻します。万が一壊してしまったときにも，担任や担当の先生に壊れたことを報告し，片づけなど指示されたことを迅速に行います。

現状　公共物に対する意識が低く，壊れても平気

学校や学級の備品をまるで自分のもののようにぞんざいに扱い，壊れても気にしません。使ったものを元の場所に戻せない子もたくさんいます。不注意で壊してしまった場合にはそのまま放置し，壊したことを報告したり片づけたりしないことさえあります。

指導　ものを壊した場合の対処の仕方をあらかじめ教える

❶学校や学級のものは公共物で，自分や自分の家のもの以上に大事に使うこと，使い終わったら元の場所に戻すことを教えます。

❷もしも，ものを壊してしまったら，次の順序で行動することを教えます。

> 1　まず自分や友だちにけがはないか確かめる。大きなけがならば直ちに保健室に行くか先生に連絡し，小さなけがやけがをしていない場合は次の行動をとる。
> 2　周辺に危険がないかどうかを確かめ，危険だと思ったら，他の人がけがをしないよう，片づけたりだれかに見守ってもらったりする。
> 3　壊してしまったことを担任や担当の先生に報告し，謝罪する。
> 4　可能な範囲で現状復帰をする。
> 5　今後ものを壊さないために留意すべきことを考え，表明する。

❸学校や学級の備品が壊された場合，公費で修繕したり購入したりすることになります。しかし，不注意や非常識な使用によって壊した場合は，壊した子に応分の弁償をさせることもときには必要です。その場合は，必ず管理職に相談し，了解を得たうえで保護者と話をする必要があります。

注意　損害保険の加入も検討する

①公共物だけでなく，友だちのものを壊してしまうこともあります。安価なものならば謝って弁償で済みますが，高価なものを壊した場合は簡単ではありません。小学生損害保険などの加入を検討しておくとよいでしょう。
②子ども同士でものを壊した場合，学校は状況把握だけをしっかり行って保護者に伝え，その後は保護者同士の話に委ねることをおすすめします。

② 学級集団のゆるみ

教室にゴミがたくさん落ちている

> ゴミをうっかり落としてしまうというのはだれにでもあることで，しかたのないことです。しかし，そのゴミがだれにも拾われずにずっと落ちたままなのは問題です。ゴミが落ちていても拾わない学級，落ちていることにさえ気づかない学級になってしまっているからです。

理想　落ちているゴミを気づいた子が拾って捨てる

　教室にゴミがまったく落ちていません。そもそもゴミを落とす子が少ないということもありますが，これには別の理由があります。ゴミが落ちているのに気づいたら拾って捨てるという習慣が学級に根づいているのです。

現状　ゴミを拾う意識が低いので，落とすことも多い

　ゴミが落ちているのに気づいても，それを拾ってゴミ箱に捨てる子がほとんどいません。気づいても拾って捨てるという意識がありませんから，落ちていて当然という感覚です。当然という感覚ですから，ゴミが落ちていることにさえ気づかない子も少なくありません。
　ゴミを拾うことに対する意識が低いので，自分が落とさないようにしようという意識も低くなっています。その結果，ゴミを落とす子が増え，拾う子は減って，ますますゴミが増えていくことになります。

第3章 こんなゆるみを，こう引き締め，立て直す！

指導　実地のゴミ拾い体験と担任のチェック

❶「ゴミを見つけたら拾いましょう」と呼びかけるだけでは不十分です。まず，落ちているゴミの存在に気づかせます。「教室に入ったら床を見る。自分の机の近くを見る」ことを教えます。こう意識させることで，ゴミを発見する可能性が高くなります。これは，落ちているゴミをだれが拾うのかを教えることでもあります。つまり，見つけた人が拾うということです。

❷実際にゴミを拾ってゴミ箱に捨てる体験をさせます。あらかじめ紙くずを床にいくつか落としておき，それを拾ってゴミ箱に捨てさせます。グループごとに行います。他の子は自席でその様子を見ます。宝探しのように行うと楽しくできますが，あまり遊び感覚にならないよう注意します。

❸翌日から1週間は，床にゴミが落ちていないかを担任がチェックします。必ずチェックすることで，子どもの意欲も高まります。

❹はじめのうちは，ゴミを拾って捨てたら報告に来させてもよいでしょう。拾った子をほめたり，拾った数を記録したりします。

注意　過度な称賛や褒賞は控える

最初は意欲的に取り組み，宝探しのようにゴミを見つけますが，徐々に意欲は低下してきます。定着するまで，意欲が落ちたと感じたら声をかけることが必要です。また，拾うのが当然なので，過度な称賛や褒賞は控えます。

2 学級集団のゆるみ

歌をちゃんと歌わない

> みんなで歌を歌う際，全員が大きな口を開けて一生懸命歌っていると，見ている側も幸せな気分になるものです。反対に，歌わない子がいたり声が出ていなかったりするとがっかりします。しかし，歌を歌わせる指導は意外に難しいものです。

理想　心構えができており，よく声が出ている

　朝の会や行事で歌を歌う際には，全員がきちんとした姿勢で歌う準備をします。恥ずかしがったり，照れてふざけることもなく，よい表情で歌う姿が見られます。歌詞を覚えていなければ，歌詞カードを忘れずに準備します。

現状　姿勢が悪かったり声を出さなかったりする子がいる

　机に手をついている，下や横を向いている…など，歌う姿勢がよくありません。また，歌詞がわからなくても平気で，もっと大きな声を出すことができるのに，必要な声量で歌おうとしません。

指導　1人ずつチェックする機会を必ずつくる

❶歌の指導は，2つの点で難しいものです。1つは，集団で歌うと一人ひと

第3章　こんなゆるみを，こう引き締め，立て直す！

りの歌声がよくわからないということです。もう1つは，声を出すのをはずかしがる子に対する簡単で即効性のある指導法がないということです。

❷一人ひとりが歌っているかどうかを確かめます。1人ずつ先生のところで歌わせるとよいのですが，時間がかかるので，集団で歌っているときに先生が移動しながら確かめてもよいでしょう。また，3〜4人のグループにして，グループ内で1人ずつ歌ってお互いに確かめ合わせるのもよいでしょう。肝心なのは，必ず1人ずつチェックすることです。

❸小さい声で歌う子は，まずピアノと一緒に声を出させます。「ア〜」でも「ラ〜」でも構いません。最初はピアノの音量を小さくしてその音量に合わせた声量で歌わせます。その後，ピアノの音量を少しずつ大きくしていき，声量もそれに合わせて大きくさせます。こうして声量が増やせることを意識させます。次に3，4人グループをつくり，簡単な歌で声を張って歌う練習をさせます。その後，発表会を行います。どのグループがよく声が出ているか（怒鳴るのではなく）をみんなで判定します。

注意　「できない」or「やらない」を見極める

元来歌が苦手な子や声の小さい子がいます。一律に同レベルを期待すると，そんな子に過度の負担を強いることになるので注意します。一方で，歌えるのに歌わない，声を出せるのに出さないといったことを許してはいけません。

② 学級集団のゆるみ

机やいすがすぐに乱雑になる

> 「環境が人をつくる」といいます。教室環境が雑然としていると，子どもたちも何となく落ち着かなくなったり，行動が雑になったりすることがあります。机やいすは教室で最も目につくものですから，これが雑然としていては教室環境としてよいものではありません。机やいすが常にきちんとそろっている教室は見ていて気持ちいいものです。

理想　折に触れて直したり声をかけ合ったりできる

　机がいつも定位置にあり，いすも必ず机の下に入っています。机やいすは動くのが当たり前です。動くのが当たり前の机やいすがいつもきちんとしているということは，折に触れて子どもたちが自分で位置を直したり，声をかけ合ったりしているということです。

現状　雑然としていてもだれも直そうとしない

　机の位置がいつもずれています。そろえる位置がわかっていても，子どもが自分で合わせようとしません。いすを入れる習慣も身についておらず，そのことを担任も気づいていません。机やいすが雑然としていると，教室の雰囲気まで雑になります。

指導　そろえる位置とタイミングを決める

❶机をどの位置に合わせるのかを明確にします。低学年ならば，床に目印となるシールを貼ります。高学年ならば，教室の前面と側面の目印を確認させればそろえられます。

❷机をそろえるタイミングも決めておきます。例えば，授業の最後の「起立，礼，着席」後で机の位置を合わせると決めておきます。

❸休み時間や教室移動の際，いすがきちんと入っているかどうかを担任がチェックします。ときには，子どもたちが知らないうちに，きちんと入っていないいすを掃除のときのように机に上げておきましょう。教室に戻ってきた子どもたちが驚き，次回からいすを入れる動機づけになります。

注意　目印の跡が残らないようにする

　床に目印をつけると，跡が消えずに残り，見苦しい場合があるので注意が必要です。

② 学級集団のゆるみ

トイレ掃除を嫌がる

> トイレはどちらかと言えば敬遠したい清掃場所です。掃除そのものも校庭などと比べて狭くてやりにくいですし、排泄をする場所なので汚いというイメージも強いでしょう。そんな人が嫌がる場所の清掃を進んで引き受ける子に育ってくれたら、担任としてこれほどうれしいことはありません。

👍 理想　トイレ掃除を嫌がらず，むしろ進んで行う

トイレ掃除を嫌がりません。むしろ，みんなから敬遠されるトイレ掃除を進んで行います。トイレの担当になると，普段よりも一層はりきって掃除をします。

👎 現状　トイレ掃除を嫌がり，やり方もぞんざい

トイレ掃除を嫌がります。学級で掃除当番を希望制で決めると，最後まで担当者が決まらず，じゃんけんで負けた子が仕方なくトイレ掃除をしたりします。担任が担当者を決める場合でも，たまたま1年のうちに2回トイレ掃除になったりすると，担当場所を替えてほしいと要望したりします。また，決まってからも嫌々やるので，掃除の仕方がぞんざいです。

第3章 こんなゆるみを，こう引き締め，立て直す！

指導　トイレ掃除のすばらしさをエピソードで伝える

❶トイレ掃除に強制は禁物です。子どもたちの内側からゆさぶっていく指導が求められます。

❷トイレ掃除のすばらしさを語って聞かせましょう。イエローハット相談役の鍵山秀三郎さんのトイレ掃除のエピソードや，日本を美しくする会のトイレ掃除の話を聞かせるとよいでしょう。ヒット曲『トイレの神様』や昔話，厠神信仰についての話などは低学年の子どもたちにもわかりやすいはずです。

❸人の嫌がる仕事をすること，そういうことを率先して引き受けることのすばらしさを，エピソードで話してあげましょう。

❹上のような話をしてもトイレ掃除をきちんとやらない子には，まず「どんなふうに掃除をしていたか」をわからせます（本人に言わせたり，先生が見ていたことを教えたりします）。次に「どうしてそうしていたか」を考えさせます。このとき，トイレを汚いと思っていることが理由としてあげられると思います。そこで「どうすれば掃除がきちんとできるか」を考え，考えた方法が実行できるようにします。

注意　保護者のトイレ掃除に対する姿勢に注意する

①トイレ掃除を抵抗なくできるようにするために，手袋や洗剤や清掃道具は十分に準備します。

②トイレ掃除を子どもが嫌がる背景に，保護者がトイレ掃除を嫌がっているという場合があります。そういう家庭の子どもに何度も指導をすると，保護者から苦情が寄せられることがあります。保護者に話をしても十分に理解してもらうことができないような場合には，対応を切り替えることも必要です。

② 学級集団のゆるみ

集会時に私語が多い

> 集会の前はザワザワと私語が止まないということが当たり前だと教師が思っていたら、子どもたちは絶対に静かにはなりません。黙って集まり、黙って集会を行い、黙って戻る。そういうことが当たり前にできるように学級を育てたいものです。

理想　教室を出てから戻るまで黙っている

　教室を出る瞬間から私語をせず、黙って歩きます。体育館など集会の場所に着いても、しゃべることがありません。座って待っている時間もついおしゃべりをしてしまうような子がいません。ときどき指示を出す教師の声が聞こえるだけです。教室に戻るときも、気を抜いて私語をしてしまう子はいません。

現状　私語が止まず、教師も注意しない

　教室から集会の場所に歩いて行くときから私語を始めます。会場に着いても私語は止みません。先に着いて待っている子どもたちがしゃべっているから、後から来た子どもたちもしゃべってしまうのです。
　教師はその様子を見ても注意しません（私語の注意はしないのですが、「真っ直ぐ並びなさい」「曲がっています」などの指示は出しています）。司

会の教師が「おしゃべりを止めましょう」などと毎回アナウンスしてから集会が始まります。

指導　移動の仕方を工夫する

❶教室を出てから教室に戻るまで私語をさせないようにするという目標を，校内の教師全体で共有しなければ，子どもたちが私語をしないようにはなりません。

❷集会の場所に集まったとき，「体育館に来たらしゃべってはいけません」と毅然として全体指導をします。これは，児童生徒指導主任や教務主任が行います。そして，次回から私語をしていた学級があれば注意します。

❸教師自身も集会の場所ではあまりしゃべらないようにする必要があります。実は教師がしゃべってしまっていることが少なくありません。

❹特に，集会が終わって教室に戻るときは，緊張感がゆるんで私語が増えがちです。しかし，教室への戻り方のちょっとした工夫で私語を起こりにくくすることができます。まず最初に，1年1組だけ戻します。少し時間をずらして1年2組を戻します。このように，全学級を一度に戻すのではなく，学級ごとに少しずつ時間をずらして移動させます。全学級が一度に移動すると，途中どうしても動きが鈍くなり，その時間に私語が起こりやすくなるのです。やや時間はかかりますが，私語を抑えるという意味では効果的な方法です。

注意　厳しい教師と思われることを恐れない

①行動のゆるみに対する指導は，目に見える形で正すところから入ります。厳しい教師と思われることを恐れず，毅然と指導することが大事です。

②静かに待てるようになってすばらしいということを，機会をとらえて校長からほめてもらうと，子どもも満足し意欲が高まります。

② 学級集団のゆるみ

当番や係の仕事を忘れる

> 当番や係の仕事を忘れる子が多いと，学級運営が円滑にできなくなります。その仕事を他の子や教師が代わりに行うことになり，負担にもなります。当然，仕事をしないという無責任感が目立ち，仕事をしない子への評価は低下します。その結果，その子の自己有用感も低下してしまいます。

🖒 理想　仕事を忘れずにやり，忘れていても声をかけ合える

　当番や係の仕事を忘れずに行います。仮に忘れている子がいても，気づいた子が教えてあげます。何か用事があって当番や係の仕事ができないときは，ちゃんと先生に断ったうえで，自分の仕事を他の人にお願いしてから用事を済ませます。何か特別な理由でできなかったときは，事後に報告をします。

👎 現状　仕事を忘れたり，適当にやったりする

　まず，当番や係の仕事そのものを忘れてしまう子が多くいます。仕事を忘れていることを教えてあげる子も少ないので，そのままやらずに過ごしてしまいます。また，友だちに遊びに誘われたりすると，仕事を適当にやって終わりにしてしまったり，中途半端なままにしてしまったりします。総じて仕事に対する責任感が低い状態です。

第3章 こんなゆるみを，こう引き締め，立て直す！

指導 👉 個人，班，教師のトリプルチェック

❶自分の仕事を忘れないために，自分のやるべきことを書いたメモを机の上にセロテープで貼らせます。

❷生活班の班長に，1日のどこかで班員が自分の仕事をしたかどうかを確認させます。給食の時間などと決めておくとよいでしょう。しっかりした班長ならば，再度の声かけもできます。

❸仕事を果たす習慣や態度（責任感）が形成されるまで，担任もチェックします。具体的には，縦に子どもの名前，横に1か月分の記入欄の入った表をつくり，毎日チェックします。

注意 👉 目標や自己有用感をもたせる

　何度も忘れたりサボったりする子には，叱るだけでなく，目標をもつように話をすることが必要です。また，その子の仕事が学級の役に立っていることを，班の友だちから伝えてもらったり，教師が伝えたりして，自己有用感を高めることも有効です。

2 学級集団のゆるみ

まわりの状況に気づかない，関心をもたない

> 学級には，まわりの状況によく気づいて進んで動ける子がいます。「機を見るに敏」とでもいう子です。こういう子がいると，教室の中がいつも整頓されていたり，困っている子が助けてもらえたりします。生来の気質によるところもありますが，指導によって伸ばすこともできます。こういう子が増えると，学級運営がより円滑になります。

理想　まわりの様子に関心をもち，必要なことをする

となりの子が算数の問題がわからず困っていると，助言してあげる子がいます。花びんの場所がいつもと違うことに気づき，元に戻す子がいます。しまい忘れたほうきが落ちているのを見て，掃除道具入れに片づける子がいます。このように，まわりの状況に気づき，自ら行動できる子が多くいます。

現状　自分が行動しようという意識が育っていない

自分のまわりや学級の状況に関心を示す子があまりいません。しまい忘れたほうきやちりとりが床の上に出ていても，それを見て片づけようとする子がいませんから，教師が「だれか片づけてください」と言うまで置いてあります。場合によっては，「だれか」と言っただけではだれも片づけません。「自分が」行動しようという意識が育っていないからです。

第3章　こんなゆるみを，こう引き締め，立て直す！

指導　入口，席のまわりを見ることを習慣づける

❶まず，まわりの状況に気づき自発的に動ける子に育てるのは意義のあることだ，と教師自身が認識しなければ，子どももそのようには育ちません。

❷自分のまわりの変化に気づく「目」を養います。具体的には，教室に入るとき入口のまわりを見る，自分の席に座ったら席のまわりを見る，この2つを習慣づけさせます。

❸何かあれば，そこから近い場所にいる人が行動を起こすのが基本ですが，近いところにいる人が気づかない場合もあるので，遠くても気づいた人が行動します。こういうこともきちんと教えておく必要があります。

❹進んで行動を起こした子を大いに称賛するのは言うまでもありません。

注意　やらないとできない

①周囲の状況に気づく力には個人差があり，よく気がつく子とそうでない子がいます。そうでない子に厳しく指導しても，気づく力は伸びません。まずはやらせて，できたらほめる，の繰り返しが重要です。

②指導を始めると，最初は競争のように子どもたちが動きますが，やがて落ち着いてくるので，慌てないで見守りましょう。

② 学級集団のゆるみ

掲示物がはがれている

> 教室にはたくさんの掲示物があります。きれいな掲示物が効果的なレイアウトで掲示してあると，見とれてしまいます。掲示物は教室の環境の中で大きなウエイトを占めているので，掲示物が乱れているときは，子どもたちの気持ちもやや乱れていると考えた方がよいでしょう。

理想 画びょうできちんと留められ，1つもはがれていない

　掲示物の4つの角がすべてきれいに画びょうで留められています。さらに理想的なのは，掲示物が折れたり，曲がったりもしていないという状態です。また，何かの拍子に掲示物がはがれてしまったときも，それに気がついた子が自主的に直そうとしたり，担任に報告してくれたりします。

現状 はがれている，破れている

　掲示物の一部がはがれて垂れ下がっていたり，破れていたり，留めている画びょうのどれかがなかったりします。また，だれかが体を押しつけたりした拍子に折れたり，曲がったりしたものも目立ちます。こういった掲示物の乱れが，学級の荒れ具合を象徴しています。

第3章　こんなゆるみを，こう引き締め，立て直す！

指導　原則担任が管理し，子どもにも手伝ってもらう

❶学級に掲示係を設けている場合もあるでしょう。しかし，教室の掲示物は原則担任が管理する必要があります。

❷子どもたちには，掲示の手伝いや，はがれている掲示物や破れている掲示物を見つけて教師に知らせる仕事をしてもらいます。

❸はがれたり破れたりしている掲示物を見つけて知らせてもらったら，なるべく早く教師が直します。教師が直すのを子どもたちは見ていますから，できるところは手伝ってもらいます。

❹子どもたちが慣れてくれば，一部を任せても大丈夫でしょう。

注意　掲示の仕方に工夫を施す

①画びょうは間違って使ったり落としてしまったりすると危険です。その意味でも，子ども任せにしてはいけません。

②掲示物の折れや曲がりを防ぐには，クリアフォルダ（ファイル）に収納して掲示するのが効果的です。

Column
早く伸ばしなさい！

　以前，同僚から聞いた話です。

　その同僚が高校生だったときのことでした。校則が大変厳しかった時代で，ちょっとした髪型や服装の乱れでもすぐに先生に注意されました。

　そんな中でも自己主張の強い子はいるもので，同僚の同級生が髪の毛を伸ばしてパーマをかけてきたのだそうです。先生は当然その子を呼んで指導しました。パーマをとってくるか，短く切ってくるか，どちらかにするようにという指導でした。
　同級生は，どちらかにすることを承諾しました。

　さて，翌朝のこと。
　かの同級生は先生との約束を守って短くしてきたそうです。
　ただ，ちょっと短くし過ぎたのです。髪の毛がまったくなく，スキンヘッドになってしまいました。彼なりの自己主張だったのでしょう。

　これには先生も驚きました。
　しかし，約束を守って短くしてきたのですから，文句は言えません。それにスキンヘッド禁止は校則にもありませんでした。
　困った先生は，その同級生を呼んでこう言ったそうです。
　「早く伸ばしなさい！」

　いくら何でもそれは無理のような…。

Column

めんこ学級

　若いころは，毎日子どもたちと遊ぶのが大好きでした。学校も今よりもおおらかで，無茶なこともやんちゃなこともずいぶんやりました。

　ある時期，学級でめんこが流行ったことがありました。正確に言えば，私が流行らせたのでした。
　すぐに遊び好きの男の子たちが仲間になりました。でも，子どもたちのやっている遊びは「嘘ん気」の遊びで「本気」ではありませんでした。遊びが終わると相手からとっためんこは返していたのです。

　そこに私は「本気」の遊びを持ち込みました。負けるとめんこをとられてしまってもう返ってはきません。弱い子のめんこはだんだんと少なくなり，強い子のめんこはだんだんと増えていきました。私のめんこ箱からはめんこがあふれていました。
　それでも，とられて嫌だという声もなく，負けた子どもたちはまためんこを買ってきて教室で遊びました。そのころには女の子も参加していました。

　やがてめんこブームは去りました。最後に私のめんこは全部子どもたちにあげました。後日，あるお母さんから
　「学校でめんこをやっているときは，朝本当に楽しそうに家を出て行ってましたよ」
と教えてもらいました。

　学校に不必要なものをどんどん持ってきていた時代でした。

③ 学習態度のゆるみ

チャイムで席に着かない

> 休み時間終了のチャイムが鳴ってもなかなか遊びを止めず，教室の窓から先生が「おまえたち，早く教室にもどってこ〜い」と叫ぶ。教育ドラマのワンシーンのようですが，こんなことは現実の教室でも起こり得ます。時間を守るというのは集団生活をするうえで最低限のマナーです。できていない子には厳しく指導することが必要です。

【理想】 チャイムが鳴ったら次の活動に即座にとりかかる

　時計を常に意識しながら，見通しをもって行動できるのが最もすばらしいことです。しかし，それは子どもたちには難しいことであり，低学年の中にはまだ時計がよめない子もいるでしょう。そのため，多くの学校で区切りの時刻にはチャイムが鳴るようになっています。

　小学校段階では，このチャイムに合わせて行動できること，つまりチャイムが鳴ったらすぐに次の行動にとりかかれることが理想です。高学年になれば，限定された場面で時計を見て行動できることも必要です。

【現状】 チャイムは単なる合図，自分の都合で動いている

　チャイムが鳴っても1〜2分は今の活動を続けていてもいいだろう，次の行動に移らなくてもいいだろう，と思っている子がいます。例えば，休み時

第3章 こんなゆるみを，こう引き締め，立て直す！

間終了のチャイムが鳴ってもなかなか遊びを止めない，校舎に入って来ないという子です。そういう子に限って，授業終了のチャイムが鳴る前から学習に気持ちが入らなくなったりします。

　一部に時間を守らない子がいると，学級全体の足並みが乱れます。そうなると，結局時間を守っている子が損をします。きちんとできている子が損をするようなことがあってはいけません。

指導　行動を観察・チェックし，記録する

❶チャイムが鳴ると同時に次の活動に移ることが明確にわかる場面を選びます。例えば，チャイムとともに席に着く，チャイムとともに遊びを止める，などです。それを観察し，守れなかった子をチェックして記録します（これは必ず教師がやらなければなりません。子どもの仕事にすると，甘くなったり文句が出たりするからです）。

❷チェック・記録を始めることは，子どもたちに事前に告げておきます。チャイムとともに次の活動に移ることも要求しておきます。やらなければ当然叱られることになるということも伝えておきます。

❸個人記録と同時に，班全体としても記録し，班競争として取り組むと意欲づけになります。

注意　高学年は時計を見て動けるように徐々に指導

①高学年の子どもには，時計を見て，チャイムの前に行動を始めることを，徐々に教えていくとよいでしょう。

②授業に遅れた場合は，きちんと遅れた理由を報告させることも必要です。意外にやられていませんが，重要なことです。

③班競争は，過熱しすぎると個人攻撃が始まったりすることがあるので，配慮が必要です。遊びでやるくらいがちょうどよいでしょう。

③ 学習態度のゆるみ

始業前に学習の準備ができない

> 授業が始まったときに，教科書やノートがきちんと机の上に出ているかどうかをチェックする教師は意外に多くありません。準備が不十分でもチェックもされないし注意もされないので，子どもたちにもその意識が育ちません。教科書やノートなど「もの」を準備することはもちろん，授業に向けた「心」の準備もしっかりさせたいものです。

理想　授業が終わるとすぐ片づけと次時の準備をする

　授業が終わると，すぐにその時間のものをしまい，次の授業の準備をします。休み時間が終わり，授業開始のチャイムが鳴るとともに（または時計を見てチャイムが鳴る前に）席に着きます。ノートを開き，教科書はその日に学習する部分を開きます。もしも，教師がまだ教室に来ない場合は，教科書のそのページの音読（黙読）を始めます。

現状　授業が始まっても前時の片づけさえできていない

　授業が終了すると，片づけもせずに休み時間に入る子がいます。前時の授業の片づけをしていないのですから，当然次時の授業の準備もしません。チャイムが鳴って席に着いてから準備をすることになりますが，中には教師が促すまでしない子もします。ひどい場合は，前時のものがそのまま机の上に

のっているということもあります。

　こんな具合ですから，教師が教室に来るまで思い思いにおしゃべりをしています。学習の準備は，ものと心の両方が必要ですが，そのどちらもできていないという状態です。

指導　起立して確認，を繰り返す

❶授業開始と同時に全員を起立させます。そして「教科書とノートが机の上に出ている人は座りなさい」と指示します。準備できている子が座り，準備できていない子が立っています。立っている子に「教科書とノートを出したら座ります」と指示します。これを毎時間繰り返します。

❷これでほとんどの子は始業前に準備をするようになります。しかし，翌日には元に戻ってしまう子がいます。そこで，この指導を何日か続けて行います。ある程度定着してからも，ときどき行います。

❸どうしてもできない子には，まわりの子に声をかけてもらうようにします。まわりの子にとっても友だちに気を配る機会になり，学級経営上プラスになります。できているグループや列をほめたり，1日中全員が準備できていたら楽しいことをしたりすると，さらに意欲が高まります。

3 学習態度のゆるみ

起立，礼がきちんとできない

> 授業の始まりと終わりに，起立して礼をする学校は多いでしょう。この所作がきちんとできていると大変美しく見えます。同時に，起立してよい姿勢をとり，きちんとしたお辞儀ができると，それだけで授業への心構えができてくるものです。これが乱れているときには，早急に指導する必要があります。

👍 理想　タイミングよく号令がかかり，さっと立てる

　教師が教室に入った瞬間に，あるいは教師が教卓の前に立った瞬間に，「起立」の号令がかかります。号令とともに全員がさっと立って姿勢を正します。このとき，よそ見をしたり身体がフラフラと動いたりする子はいません。「礼」の号令とともに，教師も子どもたちもお互いにきちんとしたお辞儀をします。お辞儀をした後は，再び姿勢を正して立ちます。「着席」の号令とともに静かに座ります。

👎 現状　間延びした号令，緩慢な起立，だらけた姿勢

　どのタイミングで「起立」の号令がかかるのかを決めていない学級が多いのではないでしょうか。教師が「始めます」とか「日直の人，号令をかけてください」と言って始まる学級も多いでしょう。

第3章　こんなゆるみを，こう引き締め，立て直す！

　しかしこれでは，子どもたちの授業に対する構えはできていません。号令をかける子は号令をかけるタイミングを，その他の子は号令を，待ち構えていないのです。つまり，授業が始まる前から学級がゆるんでいる状態です。
　凛とした声で号令がかからないため，起立の仕方も緩慢です。全員が立って姿勢を正すまでに何十秒もかかります。あっちの子は下を向き，こっちの子は横を向き，教科書を机の中から出したり，となりの子とおしゃべりをしたりする子さえいます。

指導　全体→班ごと→個別練習

❶どのタイミングで号令をかけるのかを，担当の子も含めて全員に指導します。教師の合図で，というのは好ましくありません。担任以外の教師のときでも普段通りにできることが大切です。また，号令は大きくはっきりした声でかけるように指導します。

❷号令がかかったら「さっと立つ」「動かない」ことを伝えます。できない場合は，できるまでやり直します。全体指導では難しい場合，班ごとに練習をさせ，班ごとに指導します。

❸指導を繰り返すと，できない子がはっきりしてきます。何らかの理由のある子です。その子の最大の努力を認めると同時に，例えば，身体を1分間動かさない練習などを行う必要があります。

注意　お辞儀の指導も同時に行う

お辞儀の指導も同時に行うとよいでしょう。
- ●礼三息……息を吸いながら体を前に倒し，息を吐く間静止し，息を吸いながら体を起こすことをいいます。
- ●敬　礼……指先を伸ばしてももの前部につけ，手をすべらせながら前に倒し，指先がひざの上部にかかるくらいまで曲げます。

③ 学習態度のゆるみ

文字が乱暴

> 文字が下手なのと文字が乱暴なのは，似たことのようで大きく違います。下手でもていねいに書いた文字はきれいに見えます。上手でも雑に書いた文字は美しくありません。どんなときでもていねいに書くのは難しいものですが，ていねいに書けるときにはていねいに書く態度を身につけさせたいものです。文字をていねいに書く子は，他の作業もていねいにできることが多いものです。

👍 理想　急ぐ必要のないときには，一画一画をていねいに書く

　文字の上手下手はあっても，どの子もていねいに書いています。まず基本は自分の名前です。テストの名前，プリントの名前，ノートに書く名前，教科書に書く名前，すべての名前を濃くていねいに書いています。
　ノートの文字も，書く位置がそろっているので美しく見えます。また，時間がなくて急がなければならないとき以外は，文字の終筆を流さずに，とめ，はね，曲がり，折れをきちんと濃く書いています。

👎 現状　筆圧が弱いため線が薄く，終筆が流れてバランスも悪い

　文字をていねいに書こうとする意識がありません。特に中学年のころから乱暴になっていきます。ていねいに書こうとする意識が低いので，きちんと

書けるのに書こうとしません。筆圧が弱いために線が薄くなり，読みづらくなります。終筆を適当に流してしまうため，とめやはねがありません。曲がっていても折れていてもお構いなしです。文字のバランスも崩れています。

指導　ゆっくり濃く書く練習をする

❶ていねいに文字を書けば，驚くほど美しく書けるということを体験させます。まず，上手に書くことよりも，ていねいに書くことの方が重要だということを押さえます。上手・下手は単なる技術のことですが，ていねい・雑は心の状態が関係してくるからです。

❷ていねいに書く練習をします。400字詰め作文用紙かマス目ノートを準備します。ここにまず自分の名前を書かせましょう。最初の指示は「一画一画を，濃く，ゆっくり書きなさい」です。毛筆で書くスピードをイメージして書かせます。文字が雑になるのは，筆圧が弱くなって終筆が流れるからです。筆圧の弱さは線の薄さに表れます。ゆっくり濃く書くことで，終筆の流れがなくなり，美しい線になります。

❸次の指示は，「縦画は縦枠に平行に，横画は横枠に平行に書きなさい」「枠に入るなるべく大きな文字を書きなさい」です。こうすることで，文字が整ってきます。

注意　常時完璧を要求しない

①昨今は，ほとんどの学級に特別な支援を必要とする子がいます。そういう子の中には，枠に収まるように文字を配置することが苦手な子もいるでしょう。何文字か書かせるとわかります。そういう子に厳しい要求をしてはいけません。

②常時完璧な文字を期待し，要求することは，子どもにとってかなりのストレスになります。少しずつ，時間や機会を増やしていきましょう。

③ 学習態度のゆるみ

指示された作業に
なかなか取りかからない

> 　教師が指示を出して全員がさっと取り組むと、授業に適度の緊張感が生まれます。反対に、教師が指示を出しても取りかからない子がいると、学級全体の雰囲気がダレてきます。よく「できない」と「やらない」は違うといいますが、それは「できない」のレベルの問題です。どんなレベルでもいいから、とにかく活動をさせることが大事です。

理想　指示されたことには即座に取りかかる

　授業中に教師が作業内容を説明します。説明が終わって「では、始めましょう」と指示を出します。その指示が出た瞬間にさっと鉛筆が動いたり、道具を取り出して作業を始めたりします。説明をよく聞いていることはもちろんですが、「書くのが面倒だ」「こっちを先にやりたいから…」などと思うことがありません。まずやるべき作業に全力で取り組みます。

現状　指示を聞いていない、聞いていてもやらない

　例えば、教師が「教科書25ページを読んで、気づいたことを書きましょう」と指示したとします。このとき、25ページを読まない子がいます。また、25ページを読み終わっても、「何を書いていいかわからない」「書くのがめんどくさい」と言って、読んだだけで何も書かない子がいます。そして、何も

書かない子がずっとそのまま放置されています。指示を守らずに書かないでいることが許され，子ども自身も自分が書かないことを許しているのです。

指導 時間を区切ってとにかく書かせる

❶先の例で「何を書いていいかわからない」と言う子には「間違っていても全然関係ないことでもいいから，とにかく何かを書きなさい」と迫ります。

❷このとき，時間を区切ります。タイマーを使って1分，2分など時間を計り，その時間内に何かを書かせます。この「何かを書かせる」ということが非常に大事です。子どもたちは書くことを無意識に恐れているからです。その恐れは書くことでしか軽減できません。ですから，とにかく強制的にでも書かせます。書ければそれを認めます。よいことが書いてあればほめます。この繰り返しです。

❸以上は，「書きなさい」という指示に対して書こうとしない子への指導です。他の指示に関しても，基本は同じです。やらない状態のままにしておかず，時間や期間を限定して強制的にでもやらせ，やったことを認め，ほめることです。

注意 できなくても精一杯の力を出させる

①子どもに「何を書いていいかわからない」と言われると，教師は「自分の指示があいまいだったかな？」「この子には難しいかな？」と思い，つい許してしまうことがあります。そう思うこと自体悪いことではありませんし，場合によっては許すことも必要です。しかし同時に，指示を守らせること，指示を守ろうと最大限に努力しようとすることを子どもに教えることが，子どもの自立につながるという意識も必要です。

②先生の指示は守って当然，言われたことにはさっと取りかかる，という空気を学級につくることが大事です。

3 学習態度のゆるみ

授業中すぐに私語をする

> 私語はまわりの子にとって大きな迷惑になります。場合によっては学級全体の学習意欲を低下させ、学習する権利を奪うこともあります。そのことをはっきりと子どもたちに説明して意識づけることが必要です。切り替えができている学級は、明るく楽しくそれでいて真面目に真剣に活動できます。

理想　話していてもさっと切り替えて静かになる

　授業中の私語がまったくありません。もちろん、授業に関する教師の問いかけには活発に反応します。また、ときに教師がくだけた話をしたり、冗談を言ったりした場合には、冗談で返したり前後左右の子と自然と話をしたりはします。しかし、再び授業に戻ると瞬間的に静かな状態になります。

現状　話を聞かず、すぐにしゃべり出す

　教師が話しているのに、関係ない話をしている子どもがいるとしたら、教室が荒れているサインと受け止める必要があります。早期の根本的な指導が必要です。そこまでではなくても、作業が始まるとついついおしゃべりしてしまい、肝心の手が動かない子どももいます。教師がちょっとした冗談を言って緊張がほぐれると、なかなか授業に戻れずムダ話を続けてしまいます。

第3章　こんなゆるみを，こう引き締め，立て直す！

指導　静かな状態を体験，持続させる

❶授業中のムダ話は他の子の学習する権利を奪っていることにもなります。繰り返されるなら厳しく注意する必要があります。

❷だれかがムダ話を始めたら，教師はしばらく話すのを止め，じっとその子を見つめます。それでも話を止めないなら，名前を呼んで注意します。それでも話を止めないなら，ムダ話の指導とは別の指導が必要になります。

❸ときには，静かな状態を子どもたちに体験させるのもよいでしょう。1分から始めて，2分，3分…と全員が黙っている時間を延ばしていき，静かな状態を持続させるトレーニングを行います。

注意　静かにできない原因を見定める

　学級の中には，発達の遅れなどが原因で静かにできない子がいる場合もあります。そのような子に適切な指導をするために，気になったら保護者と相談することも必要です。

③ 学習態度のゆるみ

授業中ボーっとしてしまう

> 作業途中にふと集中が切れることはだれにでもあります。しかし，集中が切れたままなかなか作業に戻れない子がいます。鉛筆を眺めていたり，何もせずボーっと窓の外を眺めていたりします。結局，やるべき作業は終わらないので，授業で学ぶべきことが身につきません。根気強く注意し，少しずつ自分で切り替えられるよう指導する必要があります。

👍 理想　集中が切れても，すぐに作業に戻ることができる

　短い時間で完了する作業ならば，作業の途中で集中が切れ，ボーっとして作業が滞ったりするようなことがありません。ある程度時間がかかる作業ならば，途中で息抜きをすることがあっても，自分で意識して短時間で作業に戻ることができます。

👎 現状　すぐに集中が切れ，作業に戻れない

　作業に取りかかるものの，ちょっと時間が経つと集中が切れてしまいます。また難しい問題に当たったり，少し手間のかかる作業になったりすると，やる気が減退して作業を放棄してしまいます。作業を中断して何もせず，持った鉛筆を眺めたりして長い時間を過ごしてしまい，結局作業を終えることもできません。

指導　集中が切れた回数を記録する

❶作業の途中でボーっとしてしまう子は，わざとそうしているわけではありません。そこで，まず本人に自覚を促すことが必要です。具体的には，ボーっとしている時間が長くなったら合図を出します。全体に声をかけてもよいですし，その子のそばまで歩いて行ってもよいでしょう。それでも作業に戻らない場合，ノートを指さしたり，肩をトントンと叩いてあげます。

❷気づかせる指導を続けても，あまり改善が見られない子どももいます。特に，長い時間作業に戻れないことがある子については，授業中にその回数を記録しておきます。そして，その記録に基づいて個別に話をして注意を促します。こうすることで，現状を具体的に伝えて注意を促すことができます。この方法は，その後改善されているかどうかを客観的に見ることができるという点でもよさがあります。

注意　短時間の息抜きに神経質にならない

だれでもふと集中が切れたり，難しい問題を前にして考え込んで作業が中断したり，ひと息ついたりすることはあります。そういう短時間の息抜きが，かえってその後の集中を高めることも少なくありません。ですから，そういうことに対してあまり神経質になる必要はありません。

３ 学習態度のゆるみ

挙手，発言が少ない

> 高学年になるほど進んで挙手して発言する子は少なくなっていきます。もちろん，積極的な挙手や発言がすべてではないので，それだけにこだわる必要はありません。しかし，進んで発言する子が多いと，授業に活気が生まれ，学級全体の学習意欲も向上します。お互いの発言を認め合えば，学級の雰囲気もよくなります。

理想　自信がなくても自分の考えを述べることができる

　進んで挙手する子や積極的に発言する子がたくさんいます。ちょっと自信がないと思っても，挙手して発言することの大切さがわかっているので，勇気を出して挙手，発言します。学級全体がそのような雰囲気になっているので，挙手，発言するのが当たり前という意識を子どもたちがもっています。

現状　わかっていても答えない子が多い

　いつも決まった子しか発言せず，わかっていても答えない子が多くいます。そういった子どもは教師に指名されれば自分の意見は述べますが，自分から挙手して発言することはありません。自分の意見が否定されることへの恐れやはずかしさがあるからです。挙手発言が少ないことの背景には，このような学級経営の根幹にかかわる大きな問題が潜んでいます。

第3章 こんなゆるみを，こう引き締め，立て直す！

指導　指名の工夫で発言の練習をする

❶発言することの大切さを話します。挙手して発言しようとすることで，それまで以上に真剣に考えることになり，考える力が向上します。また，人は自分と違う考えに触れたときに改めて考え始めるので，自分の考えを述べることが友だちの役にも立ちます。

❷「否定されることの大切さ」について話します。人は間違いを指摘され，自覚することによって，新しい知識や考え方を獲得することがよくあります。つまり，否定されることは，自分自身が向上するきっかけになるのです。否定されることをむしろ喜ぶ態度が学習するうえでは大事であることを子どもに伝えます。

❸ただし，否定とからかい，否定とバカにすることは違います。この違いを厳格に指導しておきます。話して聞かせるのはもちろんですが，そのような言動が聞かれた場合に躊躇なく叱ることも必要です。

❹発言の練習をします。列指名，番号指名，全員指名などを使って，どんどん発言する機会をつくります。「習うより慣れろ」です。発言する機会が増えれば，発言することが当たり前という雰囲気ができ上がります。

❺考えは必ずノートに書かせます。考えがないのに発言することはできません。発言すべきことがあるというのが前提条件です。ノートに書いたことを読めばよいと思えば，発言しやすくなります。

注意　嘆くだけで終わらない

「子どもたちの発言が少なく，授業に活気がない」という嘆きの声はよく聞かれます。一方で，多くの場合発言を増やすための努力もなされていません。一朝一夕に状況が変わることはないので，子どもたちが積極的に発言するようになるまで，あきらめずに指導を続けることが肝心です。

3 学習態度のゆるみ

宿題をやらない，適当に済ます

> 宿題は他の忘れ物と異なり，ハードルがいくつもあります。やることを忘れない，面倒がらずにやる，やったものを持ってくる，これらがすべてできる必要があるのです。ですから，宿題をやってくることは立派なことだとも言えます。宿題忘れの常習者には厳しい対応が必要ですが，同時にきめ細やかな指導が求められます。

👍 理想　やるのが当たり前で，プラスαに取り組む子も

特別な理由がない限り，宿題をやってくることが当たり前と思っています。また，学級全体がそのような意識になっています。特別な場合というのは，病気やケガをしたとき，突発的な用事が入ってどうしても時間がなかったときなどです。そのようなときでもできる限りのことをやります。よりよくやることを目指す子，プラスαのことをやってくる子もいます。

👎 現状　宿題忘れ常習者が放っておかれている

宿題を忘れる頻度が高く，常習化している子がいます。そういう子に対して，まわりの子も「また忘れてる，しょうがないな…」という冷めた目で見ています。ときには担任の教師さえも「この子は何度言ってもやってこない…」とあきらめてしまっています。

こうなると，学級全体に宿題をしっかりやろうという意識は育たず，やったとしても適当に済ませてしまう子が出てきます。

指導　競争やお楽しみでモチベーションアップを図る

❶宿題をきちんとやることは，学力向上に欠かせません。そのことを教師が意識し，子どもに話します。

❷よくやっている子の宿題を印刷して配付したり，帰りの会や学級通信で紹介したりします。その際，必ずどのようなところがよいのかを具体的に説明します。紹介された子の励みになるのはもちろん，真似をして宿題のやり方が上達する子も出てきます。

❸一人ひとりの宿題を点検し，そこに評価を書き入れます。評価は数字や記号でもよいですが，がんばっている子どもには一言添えてあげるとやる気がアップします。

❹ときには班の評価の合計点を出し，1週間でどの班が最高の評価点をとるか競争します。忘れたら友だちに迷惑をかけるという意識が，宿題に真剣に取り組む動機づけになります。

❺学級で宿題忘れゼロを達成した日にはお楽しみゲームを帰りの会でやる，というような楽しみを設けるのもよいでしょう。

❻繰り返し忘れる子には，厳しい態度で指導することも当然必要です。

注意　やらない理由を分析する

上記のような指導を尽くしても宿題を継続的にやらない子は，個別の指導が必要になります。帰宅後の時間の使い方に問題がある，忘れ物が多くてできない，宿題そのものがわかっていない…など原因は様々考えられます。子どもとじっくり話し合って原因を分析し，どうすればできるようになるかを一緒に考えましょう。

③ 学習態度のゆるみ

テストや提出物の文字が乱雑

> テストや提出物は先生に見てもらうものです。だれかと会うときにはきれいな服を着るのと同じように，文字もきれいに書くのがマナーです。そのようなことがきちんと指導されている学級では，テストや提出物の文字は普段よりもていねいに書かれているものです。また，そういうことをきちんと指導するのも，小学校段階では重要なことです。

【理想】 先生に見せるからていねいに，という意識で書いている

テストや提出物の名前や記入事項を，普段の文字よりも濃くはっきりていねいに書いています。それは，自分で読むための文字ではなく，教師に読んでもらうための文字だとわかっているからです。読む相手の立場で読みやすく見やすい文字を書くこと，教師や目上の人に提出する場合は普段よりもていねいに書くこと，などの常識をわきまえています。

【現状】 相手のことを考えず，乱雑に書き殴る

どのような場合も同じ感覚で文字を書きます。つまり，教師に見てもらうからといって，ていねいに書こうという意識がありません。相手の人のことを考えて書くという常識が身についていない状態です。

第3章　こんなゆるみを，こう引き締め，立て直す！

指導　普段よりもていねいに書く練習をする

❶主として自分の記録として書く場合と，提出して教師に読んでもらうために書く場合とでは，書き方を変えるとよいことを子どもたちに説明します。相手に読んでもらう場合は，相手の人が読みやすいように，普段よりもはっきり濃くていねいに書くということです。

❷プリントを使って練習をします。普段よりもはっきり濃くていねいに書いて持ってこさせ，合否を判定します。不合格の場合は，必ずその理由を伝えて書き直しをさせます。

❸実際にテストを行った際に，指導した通りにきちんと書けていない場合は書き直しをさせます。教師の目の前で乱雑な文字をていねいに書き直させます。

注意　子どもの自立のための指導と割り切る

　このような指導は，偉ぶるような気がしてやりにくい，という方もいるかもしれません。しかし，すべて子どもの自立のためです。そのために，ときにはマイナス感情は甘んじて引き受けることも大事です。

Column

子どもへの語り「見ている人」

　昔，テレビで「人間イスの世界記録をつくってギネスブックに載ろう」という企画に，学校祭で取り組んだ高等学校のドキュメンタリーを見たことがあります。
　人間イスというのは次のようなものです。
　一人ひとりが中腰になってイスのような格好になり，後ろの人のひざの上に座ります。これをぐるっと輪になるようにつなげてつくると，全員が座ることができます。全員が座った時点で人間イスとなり，その姿勢を決められた秒数続けることができると，記録になります。
　さて，番組では校庭にその学校の生徒が全員集まっています。それだけでは世界記録に足りないので，学校祭を見学に来た人にも協力をしてもらわなければなりません。実行委員長が朝礼台の上でマイクで呼びかけていました。校庭をぐるっと取り囲むように，ものすごくたくさんの観客がいましたから，その人たちに向かって呼びかけていたのです。
　ところが，見ている人はなかなか人間イスをつくるための輪に加わってはくれませんでした。だんだんと時間がなくなっていきます。実行委員長のお願いは最後は必死の叫び声のようになっていました。
　そして結果は…。残念ながら，世界記録に少しだけ足りなかったのです。
　実行委員長は泣いていました。でも，先生がやりきれない気持ちになったのは，人間イスのイベントをずっと眺めていた，ものすごい人数の観客がいたということでした。
　人間イスに参加するもしないもその人の考えです。でも，そのテレビを見ながら，先生は参加する側の人になりたいものだなと思いました。がんばっている人の呼びかけに応えられる人になりたいと思いました。

Column

子どもへの語り「4球に1球」

　昔，西鉄というプロ野球チームに，稲尾というものすごいピッチャーがいました。「神様・仏様・稲尾様」「鉄腕稲尾」などと呼ばれていました。
　稲尾は高校生のときにはそれほど有名ではありませんでしたが，スカウトされて西鉄に入ります。このときの契約金が50万円くらいだったそうです。これは当時としては大金でしたから，稲尾選手は親に楽をさせられると喜びました。
　ところが，入団してから稲尾はずっとバッティングピッチャーをさせられました。バッティングの練習用のピッチャーです。一緒に入った他のピッチャーはピッチャーの練習をしているのに。
　稲尾は，この球団は50万円も払ってオレを雇ったのに，ちゃんと練習をさせないなんて何てもったいないのだろう，と思っていました。
　そんなある日，同じピッチャー仲間で契約金の話になったそうです。そのとき，あるピッチャーは「オレは500万円だった」，別のピッチャーは「800万円だった」と言うのです。稲尾は恥ずかしくて自分の契約金を言うことができませんでした。稲尾は，自分はこの球団にバッティングピッチャーとして雇われたのだとわかったのです。
　でも，稲尾は腐りませんでした。稲尾はそのころ，バッターは3球打って1球休むくらいが好きだとわかっていました。それで，4球のうちの1球だけ，自分の練習のためのピッチングをしようと思ってがんばったのです。
　そんな練習を続けているうちに，稲尾の投げる球はどんどんよくなり，ついに稲尾は試合で投げるチャンスをつかむのです。
　どんな環境の中にあっても，自分にできることを見つけ，その努力を積み上げていく。そういうことが大事なのですね。

④ 生活態度のゆるみ

提出物の期限を守れない

> 　提出すべきものを全員が提出し，期限までにそろうというのは，担任にとって大変ありがたいことです。催促する手間も時間もいりませんし，なかなか出さない子を注意する必要もありません。しかし現実には，提出物が期限までにきちんとそろう学級は多くありません。提出物を期限を守って出せるかどうかは，生活態度の根本と関係しています。

👍 理想　期限までに全員提出が当たり前

　本来，提出物は期限を守るのが当たり前ですが，そういう意識が子どもに浸透しています。ですから，子どもが自分の裁量で提出できるものは期限内に全員が提出します。たとえそれが翌日期限であっても全員が提出します。持っているけれども提出を忘れているということもほとんどありません。

👎 現状　期限までに全員そろわないのが当たり前

　理想状態とは反対に，全員の提出物が期限までにそろうことがほとんどなく，その状態が普通になってしまっています。子どもたちがそういう意識でいるのはもちろん，実は教師もそれが当たり前になってしまっています。何度も何度も声をかけ，個別に注意しないと集まりません。ときには何度声をかけてもついに集まらないことさえあります。

第3章 こんなゆるみを，こう引き締め，立て直す！

指導　提出できない原因を深く考えさせる

❶提出物には，大きく分けて2つの種類があります。

> 1　宿題など子どもたちが自分の裁量で提出できるもの
> 2　集金やアンケートなど保護者の協力が必要なもの

まず，1については期限までに提出することが当然で，提出しないと周囲に迷惑をかけることにもなり得ることをきちんと説明します。

❷提出状況を必ずチェックします。担当の係を決めている学級もあるかもしれませんが，子ども任せにしている限り，全員がきちんと期限を守って提出するようにはなりません。子どもにチェックさせても，必ず後で担任も確認して状況を把握し，期限までの提出を促します。

❸1を期限までに提出しない子には個別に注意します。いつまでも提出しない子や，何度も未提出を繰り返す子には厳しく注意することが必要です。その際，提出できない原因を深いところまで考えさせることが重要です。また，どうすればその原因をなくすことができるのかを考えさせ，実行を約束させます。

注意　子どもの裁量で提出できるもの以外は強要しない

①一度や二度の指導で期限までに提出するようになることはまずないと考えておいた方がよいでしょう。これは，子どもの生活習慣と大きくかかわる問題だからです。子どもの悪い生活習慣を変えるくらいの気持ちで根気よく指導していくことが大切です。

②2についても提出を促しますが，強要してはいけません。特に金銭にかかわることについては，家庭の事情もあるので慎重に対応します。

④ 生活態度のゆるみ

廊下や教室で大声を出す

> まれに，廊下や教室から叫び声のような大声が聞こえることがあります。何事かと思って見ても，一大事が起きているわけではありません。出した本人も原因がよくわからず，つい大きな声を出してしまったという感じです。一時のことなので見過ごしがちですが，きちんと指導するようにしたいものです。

理想　教室や廊下は公共の場だと理解している

　必要のない大声を出すことがありません。反対に，必要があれば場に応じた大きな声で話すこともできます。つまり，いつでも状況に応じて適切な大きさの声で話したり伝達したりすることができるということです。
　教室や廊下は自分の家と違ってみんなの場，公共の場だということがわかっています。仮に大きな声が出したくなっても，ぐっと我慢することができます。

現状　感情に任せて大声を出しても気にしない

　自分の感情や欲望に任せて，まわりの状況を考えずに大声で叫んでしまいます。友だちを呼ぶ場合でも，近くまで行って声をかけず，遠くから不必要に大声を出して呼んでしまいます。また，驚きや怒りなど自分の感情に任せ

て大声を出してしまい，その声にまわりの子が驚いていても気にしません。自分が大声を出していること自体に意識が向いていないからです。

指導 理由と代案を，対話しながら考える

❶子どもがまわりの迷惑になるほどの大声を出すことは，それほど多くはないでしょう。そのため，廊下や教室で大きな声を出す子への指導はなされないか，その場でのちょっとした注意で終わってしまいがちです。しかし，感情のままに大声を出してしまう子は，ときに自分の感情を抑えることができず，相手に暴言を吐いたり，叩いたりと，危険な行為に及ぶことがあります。感情のままに大声を出してしまう子には，きちんと対処する必要があるということを意識しておきましょう。

❷廊下や教室は公共の場だということ，公共の場では大声を出したくなっても我慢することが必要だということを繰り返し教えます。学級全体に教えたり，大声を出す子に個別に教えたりします。

❸それでも大声を出す子には，対話しながら大声を出してしまった理由を考えます。このとき，「友だちに無視されたから」というような自分本位の理由を安易に認めてはいけません。しっかり対話して，そもそも会話も困難な距離で友だちのことを呼んでいた，そういった前提を無視して一方的に腹を立てた…といったところまで深く堀り下げていきます。

❹理由を分析したところで，代案を考えます。上の例であれば，無理なく会話できるところまで自分が行って話す，本当に無視されたのなら先生に訴えてみる，といったことです。

注意 大声を戒める指導で大声を出さない

大声出すことを戒める指導は，教師がお手本を見せるつもりで努めて冷静に話します。教師が感情的になって大声を出していては説得力がありません。

④ 生活態度のゆるみ

ハンカチ，ティッシュを携帯しない

> ハンカチやティッシュは，持っていれば便利ですが，持っていないからといって困ることはそう多くありません。しかし，ハンカチを持っていないと，清潔感のない人だと思われたり，相手に不快感を与えたりすることがあります。ハンカチの実用性を伝えると同時に，礼儀やマナーの観点からも，ハンカチを携帯することの必要性を意識させます。

👍 理想　常に携帯し，適切に使用する

　ハンカチやティッシュを全員が持っています。うっかり忘れてしまうこともありますが，そのようなときのためにランドセルや道具箱にきれいな予備のハンカチとティッシュを入れておく子もいます。

👎 現状　持っていなくても平気

　そもそもハンカチやティッシュの必要性を感じておらず，必要感が乏しいためになくても不自由しません。不自由しないと準備への意識も低くなります。朝の健康観察のときに，ハンカチやティッシュを持っているか確認をしても，「持っていません」「忘れました」と言って平気な顔をしています。あってもなくてもどっちでもいい，自分の生活には大きく影響しない，そんな態度です。

第3章 こんなゆるみを，こう引き締め，立て直す！

指導☞ 携帯する必要性を話し，記録をつける

❶身だしなみ，マナーとして携帯する必要があることを話して聞かせます。これによって「なくても困らないから持たなくていい」と考えている子に，携帯することの必要性を示します。

❷毎日記録をつけます。ハンカチ，ティッシュだけを1週間続けて記録し，2回以上忘れている子は個別に呼んで忘れた回数を教え，来週は減るようにがんばろうと指導します。

❸忘れることが多い子には，ハンカチとティッシュのシールをしばらく連絡帳に貼ってあげるとよいでしょう。

❹忘れることが少なくなってきたら，たくさんほめます。

❺保護者の中にも，ハンカチやティッシュは必要ないのではないかと考える方がいます。持ってくるよう指導することはあきらめずに継続しますが，短期間のうちに厳格に行わない方がよいでしょう。

④ 生活態度のゆるみ

給食の食べ残しが多い

> 偏食の指導は難しいものです。嫌いなものを食べるというのは，たとえそれが体によいとわかっていてもつらいことだからです。しかも，食べないからといってすぐに困ることが起きるわけではありません。我が子につらい思いをしてまで食べさせたくないと考える保護者もいます。加えてアレルギーの問題もあり，偏食の指導には十分な配慮が必要です。

【理想】 嫌いなものでもがんばって食べようとする

どの子にも食べ物の好き嫌いはあります。しかし，アレルギーや宗教上の理由など，どうしても食べられない要因は別として，嫌いなものでもがんばって食べようとします。そのために，食べるのに時間がかかることもありますが，がんばりを認め，励ます雰囲気ができ上がっています。

【現状】 好き嫌いで食べ残しをする

嫌いなものは食べなくてもよいという考えが基本にあり，体のために少しでも食べようというような意識がありません。教師がどんなにすすめても食べなかったり，ちょっとだけ食べると後は平気で残してしまったりします。そのような状態なので，食べ物への感謝の気持ちも育っていません。

指導　原因を細かく分析し，個別の配慮を怠らない

❶偏食の指導は，給食指導の中でも非常にデリケートで難しいもので，無理強いは禁物です。

❷まず，食べ残しが多い原因が次のうちのどれなのかをはっきりさせます。

> 1　ただ単に嫌いだというだけで，食べられないわけではない。
> 2　アレルギーではないが，食べると気分が悪くなるほど嫌い。
> 3　アレルギーで食べてはいけない。
> 4　宗教上の理由などで食べられない。

❸1と2の場合は，保護者と相談のうえで，どの程度食べるように指導するのかを決めます。保護者によっては，我が子かわいさから食べるのを嫌がったら食べさせないでほしいということもあります。その場合，食育の面とその子に対する友だちの評価などの面から，少しでも食べた方がよいことを伝えますが，最終的には保護者の要望優先です。

❹保護者からある程度の指導の要望があった場合は，子どもと相談して食べる量や機会を決めます。嫌いなものでも食べると体によいことや，嫌いでもおいしそうに食べるのがマナーであることも指導します。

❺3と4の場合は，本人以外の子への指導が必要です。どうして食べられないのかを十分に理解させ，いじめや偏見につながらないよう配慮します。

注意　アレルギー対応には万全を期して

①アレルギーをもつ子への対応マニュアルは別につくり，万全を期します。
②無理に食べさせると人権問題になる可能性があります。絵本の読み聞かせなどを通して，子ども自身が食べる気になるよう仕向けるのが一番です。

❹ 生活態度のゆるみ

名札をつけていない，つけ方が悪い

> 名札をつけることの必要性に疑問を感じる保護者は少なからずいます。確かに，名前がわからなくても子どもに聞けば済むことです。しかし，学校のきまりでつけることになっているのであれば，きちんとつけさせる指導が必要です。これは，きまりや秩序を守ることの指導に他なりません。

👍 理想　正しい位置に正しいつけ方でつける

　名札を全員がきちんとつけています。「きちんとつけている」というのは，正しい位置に正しいつけ方でつけているということです。だれもが指摘されずにつけられると，さらに理想的です。

👎 現状　名札をつけていない，つけ方が悪い

　名札をつけていない子が大勢います。朝の会で「名札をつけてください」と日直が呼びかけても，つけようとしません。

　服にピンを刺して穴があくのを嫌って，ファスナーのスライダーの引き手の小さい穴の部分に針を通してつけるなど，正しい位置に名札をつけていない子どももいます。

第3章 こんなゆるみを,こう引き締め,立て直す!

指導　チェックと個別指導を行う

❶毎日,担任がチェックします。これを一定期間続けていけば,つけることが習慣化します。

❷それでも名札をつけ忘れる子には,個別に対応します。

> 1　名札がつけられない理由を一緒に考える。
> 2　つけ忘れないようにする方法を一緒に考える。
> 3　翌日から実行し,できればほめ,できなければ別の方法を考える。

❸正しい位置につけていない子に対しては,以下の3つのことを話して改善を促します。

> 1　正しい位置につけるのがきまりであること。
> 2　他のみんなにそろえるのが集団の中での作法であること。
> 3　正しい位置につけるのが一番見やすいから,そういうきまりになっているということ。

注意　納得しない保護者には無理強いしない

　名札をつけることに保護者がどうしても納得しない,ということもあり得ます。

　きまりや秩序を守らせることが原則だとしても,学校の方針を話しても理解されない場合には,無理強いすることはできません。

④ 生活態度のゆるみ

必要以上のおしゃれをする

> 高学年ともなると，女子はおしゃれに関心をもち始めます。これは自然なことですし，悪いことでもありません。それでも親や教師が心配するのは，おしゃれに時間やお金や心を奪われ過ぎてしまう子がいるからです。おしゃれをしたいという気持ちは受け止めつつ，おしゃれとの上手なつき合い方を指導したいものです。

理想　場をわきまえておしゃれを自制できる

　高学年になると，特に女子はおしゃれに関心をもつようになります。お気に入りの服を着たり，お気に入りの小物を持ったり，お気に入りの髪型にしたり，ちょっと色のついたリップクリームをつけてみたり，という具合です。
　そういうことに関心があることを踏まえたうえで，学校生活に必要のないおしゃれをすることを自制できます。

現状　おしゃれし過ぎて授業に集中できない

　おしゃれに対する関心を自制することができず，学校には似つかわしくないおしゃれをしてきます。その結果，服が汚れるのを嫌って行動を制限したり，休み時間のたびにトイレの鏡の前で髪型を気にしたりします。友だちに小物を自慢し，その小物が気になって授業に集中できなくなる子もいます。

第3章 こんなゆるみを，こう引き締め，立て直す！

指導　メリットとデメリットをセットで考えさせる

❶おしゃれをすること自体が悪いわけではありません。おしゃれをしたいという気持ちは共感的に受け止めることが肝要です。

❷学校でおしゃれをすることのメリットとデメリットを，子どもと考えます。

- メリット -
  - ●心がうきうきして学校に行くのが楽しくなる。
  - ●友だちとの話題が増えて仲よくなれる。
  - ●学級が明るくなる。

- デメリット -
  - ●おしゃれが気になって勉強に集中できなくなり，成績が下がる。
  - ●他の子も気にしてしまい，集中力が下がる。
  - ●自慢したりすると，人間関係が悪くなることがある。
  - ●お金や時間がかかる。

❸どうしても必要なことではないので，おしゃれは家で楽しんではどうかと提案します。それでも納得しない場合は，デメリットをなくす方法を考えて，クラスの了解を得るよう指導します。

注意　保護者や子どもの気持ちに十分配慮する

①まれに，保護者が我が子におしゃれをさせたい場合があります。こういう場合，むやみに否定すると思わぬトラブルを招くことがあるので，保護者会のときなどに学校の方針を伝えるようにします。

②家でのおしゃれの様子を日記や写真で個人的に教えてもらい，教師の感想を伝えたりすると，おしゃれの好きな子も満足します。

④ 生活態度のゆるみ

不必要なものを持ってくる

> 人気キャラクターのイラストが入った下敷きや，色とりどりのかわいらしいペンなど，文具の中には実用性よりファッション性を重視したものが少なくありません。こういったものは，持っているだけで楽しいし，優越感を覚えることもあるでしょう。持ってこないように指導するとともに，持ってきてしまう子の心の状態にも配慮する必要があります。

👍 理想　必要か不必要かを自分で判断し，我慢できる

　必要なものを過不足なく準備することができます。余計なものもありませんが，足りないものもありません。必要か必要でないかを自分で判断することができるからです。また，持って行きたいと思っても，必要でないものは我慢できます。

👎 現状　必要か不必要かを判断できない，我慢ができない

　何が必要なもので，何が必要でないものかを判断できません。持って行きたいと思ったものを学校に持ってきてしまいます。また，必要か不必要かを判断できても，持って行きたい気持ちを我慢することができない子もいます。ずっと持っていたい，持って行って友だちに見せたいという気持ちを抑えることができないのです。

第3章　こんなゆるみを，こう引き締め，立て直す！

指導　持ってきてはいけない理由を具体的に説明する

❶まず，早い段階で持ってきてはいけない理由を説明します。気を取られて授業に集中できない，貸し借りや取り合いの対象になる，紛失した場合その対応でみんなに迷惑がかかる，友だちが持っているとほしくなってしまう，といったことです。

❷それでも持ってきた子がいた場合，本人に断ったうえで，それを学級全員に見せたり知らせたりして注意を喚起します。持ってきた子には持ってきた理由を聞いて，もう持ってこないように注意します。

❸それでも繰り返し持ってくる場合は，教師が一時預かり，家庭に連絡をして保護者にお願いをするとよいでしょう。

注意　持ってくる子の心の状態にも配慮する

①不必要なものを持ってくる子は，もので注目を集めることで自己の存在を確認することがあります。不安と寂しさがあるのです。そういう心の状態にも注意してみる必要があります。

②いわゆる「持ち物検査」は人権問題になることがあるので慎重に行います。

④ 生活態度のゆるみ

配付物が家庭に届かない

> 学校からの配付物が家庭に確実に届くというのは，当たり前のことのようで実は大変難しいことです。とはいえ，連絡が伝わらないと支障が出ます。家庭に届かない大きな原因は，面倒くさがってちょっとしたことをやらないところにあります。記名，確認，手渡しなどが習慣化するまで何度も伝え，何度も実践させます。

理想　「持ち帰る，渡す，目を通す」が確実になされる

　学校や学年，学級からの配付物が，確実に家庭に届きます。まず，子どもが配付物を確実にランドセルに入れて持ち帰ります。家でその配付物を確実に保護者に渡します。その際，「一言添えて手渡し」ができます。また，保護者もその配付物に確実に目を通してくれます。

現状　持ち帰らない，渡さない，目を通さない

　配付物が机のまわりに落ちていたり，机の中に入ったままだったりします。帰宅してからも，保護者に渡さなかったり，机の上に置いておくだけだったりします。保護者も毎日催促したり確認したりすることに疲れ，目を通そうという意識が低くなっていってしまいます。

第3章 こんなゆるみを，こう引き締め，立て直す！

指導 「持ち帰る，渡す，目を通す」システムをつくる

❶まずは確実に持ち帰らせるために，配られたらすぐに自分の名前を記入させます。これもはじめは担任がチェックし，慣れてきてからもときどきチェックします（机間を一巡して見るだけです）。

❷配付物は専用のクリアファイルなどに入れさせます。このとき，となりの子と確かめ合いながら入れさせます。右側の子が先に入れ，次に左側の子が入れるなど，習慣化すれば数秒でできます。

❸連絡帳に配付物の枚数を書かせます。連絡帳をきちんとチェックしてくれる保護者の場合は，これで確実に配付物が渡ります。子どもにも連絡帳とファイルを手渡しするよう話します。

❹保護者にも，懇談会の折に，面倒でも連絡帳をチェックしてもらうようお願いしておきます。そのときに，連絡帳と配付物を子どもがランドセルから出して置いておく場所を決めていただくよう話します。百均で購入できるＡ４サイズのカゴが便利です。

❺連絡帳とファイルを自分で出して保護者に手渡したり，決められた場所に置いたりしているかを，ときどき子どもに確認します。また，授業参観の折などに，保護者にも子どもが家で実行しているかを聞いてみます。

注意 家庭環境に配慮し，メール配信も活用する

　保護者が多忙なため，子どもの教育や世話に十分な時間をかけられない家庭が増えつつあります。このように，学校からの依頼や要求に応えたくても応えられない家庭もあるということを踏まえ，現実に即した対応が必要です。
　例えば，近年はメール配信を行っている学校も多いようです。大事な連絡はプリントだけで済ませず，メールでもお知らせすると，より確実に伝わります。

5 人間関係のゆがみ

友だちに意地悪をする

> 好んで意地悪をする子はそうはいません。何か特別な理由があることがほとんどです。何度注意しても意地悪な言動が収まらない子は，文字通り，何度注意しても収まらないでしょう。根本的な原因が別のところにあるからです。その原因がどこにあるのかによって，アプローチを変えなければなりません。

理想　互いに信頼し合い，許し合える

　級友への暴言，暴力，意地悪な行為がないのはもちろんのこと，相手が気にすることも言いません。つい言ってしまったとしても，自分の非を認めて素直に謝ることができます。基本的な信頼関係ができているので，言われた方もあまり気にすることなく，すぐに許してあげます。

現状　相互の信頼がなく，わかっていて意地悪してしまう

　相手が気にすることがわかっていながら，言ったりやったりしてしまいます。ものが隠されたり壊されたりしても，だれがやったかもわからないことがあります。わかってやっているので，素直に謝罪ができないこともあり，許し合えないこともあります。学級に信頼関係が不足しています。

第3章 こんなゆるみを，こう引き締め，立て直す！

指導　基本スタンスに則り，原因に応じた対応をする

❶意地悪をしてしまう子には原因があります。大きく３つです。

> 1　意地悪な行為であることに気がつかない。
> 2　わかっていても衝動的に言ったりやったりしてしまう。
> 3　セルフイメージが低く，人間関係を築く（集団の中に居場所をつくる）ために，否定的なストロークしか使えない。

❷原因に応じた対応が必要ですが，基本的なスタンスは共通しています。「人格を否定しない」「行為は条件に応じて肯定したり否定したりする」ということです。このスタンスで，それぞれ次のように指導します。

> 1　どういう行為が意地悪なのか，またそれはなぜかを教えます。個人を特定せずに，学級全体に話します。
> 2　衝動を抑えるための方法を考えます。「約束をする」「我慢の練習をする」「休み時間にしっかり体を動かす」「サインを決めておく」など，試行錯誤しながらその子に合う方法を探します。
> 3　肯定的なストロークをとにかく増やします。人格を否定しないという基本は崩さず，たくさんのコミュニケーションを取ります。

注意　「ストローク」とは？

「ストローク」とは，相手に関心をもち，その意思を相手に伝えることです。関心をもっていても否定的なストロークしか出せない子は，人間関係づくりに困っている子です。

5 人間関係のゆがみ

友だちの発言をバカにする

> 友だちをバカにするとは、相手のことを軽く見たり、見下げたりしているということで、当然好ましくありません。こういった言動は、授業中によく起きます。指導されていない学級では、バカにする言動に対して笑いが起きます。それによって相手の子はさらに深く傷つきます。

理想　真面目な発言を決してバカにしない

授業中のどんな発言も、それが真面目なものである限り、絶対にバカにしたりしません。ただし、授業中でもちょっとリラックスしたときに、茶目っ気のある言動をした子には、温かい「ツッコミ」が入ることはあります。

現状　相手の気持ちや場の雰囲気を考えず、バカにする

授業中、真剣に考えたものの、間違って答えてしまった子などに対して、「おかしくね？」「何言ってんの？」「それ変でしょ」などと言ってしまいます。発言した子の気持ちやその場の雰囲気を考えることができません。

指導　具体的に何がよくないのかを考えさせる

❶相手をバカにする発言は絶対に許してはいけません。そういう強い態度で

教師が臨むことが必要です。特に，授業中の真剣な発言をバカにするような言動が聞かれる学級では，子どもの貴重な発言がどんどん縮小してしまいます。結果，授業も学級生活も活気のないものになっていきます。

❷授業中の発言は学習に精一杯取り組んだ成果で，たとえ間違っていても貴重なものだということ，だからそれをバカにするようなことを言うのは大変失礼で絶対にあってはならないということ，の2点を真剣に伝えます。

❸バカにするような言動があった場合，その場で指導します。具体的にどの言葉がよくないなのか，よくない理由は何なのか，どのように言えばよいのか（もしくは言わない），を考えさせます。

注意　ユーモアとバカにすることを混同しない

①授業は真剣に全力で臨むべきものですが，その中でオンとオフが必要なこともまた事実です。オフのとき（リラックスしたとき）の子どものユーモアのある言動までも一律に否定しないように気をつけたいものです。

②衝動的にしゃべってしまう子が，どんな学級にも何人かいるのが普通になってきています。そういった子には，衝動を抑えるための練習（前項参照）が必要になります。

⑤ 人間関係のゆがみ

男女が協力しない，仲が悪い

> 男女が仲よくおしゃべりしたり，遊んだり，協力し合ったりしている光景は，見ていてほほえましいものです。また，男女の仲がよい学級は，総じて学級全体の人間関係が良好で，よい雰囲気をもっています。そういう意味で，男女の仲がよいか悪いかは，学級経営がうまくいっているか否かの1つのバロメーターとも言えます。

理想　男女一緒に遊んだり，活動したりする

　高学年でも男女の仲がよく，おしゃべりをしたり休み時間に一緒に遊んだりしています。授業中の話し合いや活動でも，男女が分かれてしまったり別々に行動したりせず，一緒のグループで仲よく和気藹々と活動することができます。

現状　男女が一緒に活動できず，けんかも多い

　男女が協力できません。男女混合でグループをつくって活動しても，いつの間にかグループ内で男子グループと女子グループに分かれてしまいます。そして互いに相手の文句を言ったりします。休み時間に一緒に遊ぶこともほとんどありません。反対にけんかをすることはよくあります。

第3章 こんなゆるみを，こう引き締め，立て直す！

指導 👉 男女に拘らず，学級全員で楽しめるイベントをしかける

❶特に高学年などでは，男女が仲よくしてほしいと願い，男女が仲よくすることの大切さを話したり，男女がペアになることがルールのゲームをしたりすることも多いでしょう。しかし，「男女が仲よくなれるように」と教師の肩に力が入り過ぎると，子どもたちは身構えてしまいます。発達段階を考えると，理屈はわかっていても即行動に移すことはできない，というのはある意味当然のことです。

❷そこで，男女が仲よくする，ということはひとまず置いておいて，学級全員で楽しめるイベントをたくさんやります。イベントは最初は教師が企画，提案し，徐々に子どもたちの手に委ねていきます。例えば，「グループ対抗空き缶積み競争」などの簡単なものがよいでしょう。その過程で男女関係なく自然に協力し合うことで，徐々に垣根が取り払われていきます。

注意 👉 授業の中での男女協力はきちんとさせる

授業で一緒に活動すべき場面で男女が協力しないのは甘え，わがままです。そういう場面では割り切って行動するように指導します。

❺ 人間関係のゆがみ

けんかが絶えない

> 　学校生活にけんかはつきものです。教師は，けんかが起こらない方がよいと思いがちですが，けんかをきっかけに関係が良好になることもあります。人間関係の機微を学ぶには，けんかもときには役に立つということです。とはいえ，けがをするような大きなけんかは避けるべきですし，けんかにならないよう自制心を高めることも大事です。

👍 理想　けんかを回避する方法を知っている

　けんかがまったくないわけではありません。けんかの原因となる，相手への心ない言動を自制することができます。また，互いの考えが異なったときにはどうすればよいのかを，子どもたちが学んで実行することができます。仲直りの仕方も知っています。

👎 現状　ちょっとしたことがきっかけでけんかになる

　気にすることをちょっと言われただけですぐにカッとなって言い返してしまったり，自分の意見が通らなかったときにその不満な気持ちを相手への悪口として言ってしまったり，たたく・けるなどの暴力に訴えてしまったりすることが，頻繁に起きます。

第3章　こんなゆるみを，こう引き締め，立て直す！

指導　けんかが起こるメカニズムと回避方法をセットで

❶学級にまったくけんかがないという状態は，危険な兆候です。子どもたちが互いに無関心で関係をもっていないからです。大事なのは，けんかになってしまう状況をいかに回避するかということです。

❷けんかが起こるメカニズムを子どもたちに教えます。けんかは，「①AがBに対してBの不利益になることをする」ことがきっかけになります。そして，「②それにBもAの不利益になる方法で応じる」ときに，けんかになります。①だけでなく，②がなければけんかは起こりません。

❸①と②を回避するにはどうすればよいのかを教えます。高学年であれば，子どもに考えさせてもよいでしょう。

①暴力ではなく話し合いで，暴言ではなく提案，お願いで伝える。
②お返しするのではなく，無抵抗，逃避，先生に報告する。

❹まわりの子はどうするべきかも教えます。特に注意したいのが，たとえ理屈が正しくても，一方の味方をしてはいけないということです。では何をすべきかといえば，1つはけんかの原因を聞くことです。それから「暴力はダメだよ」と言ってあげることです。最後に教師に知らせることです。

❺仲直りの方法も教えましょう。仲直りの方法は1つしかありません。それは謝ることです。先に謝った方が勝ちです。

注意　けんかのよさをちょっと教える

　子どもの実態にもよりますが，けんかをすることでわだかまりが消え，かえって仲がよくなることもあるということを，「けんかするほど仲がいい」「雨降って地固まる」といった言葉とともに少し教えてもよいでしょう。

⑤ 人間関係のゆがみ

友だちの話に耳を傾けない

教師の話は聞くけれど，友だちの話は聞こうとしない子がいます。まったく聞かないということではありませんが，真剣に聞こうとしないために，何を言ったのか理解できません。子どもの発言の中にも重要なことがたくさんあり，それを聞き逃していては学習にも差し支えます。もちろん，相手を尊重するという意味でも真剣に聞かせる必要があります。

理想　教師の話と同じような真剣さで友だちの話も聞く

教師の話も友だちの話も同じ態度で聞けます。授業中友だちが発言すると体をそちらに向け，顔を見ながら，必要ならばメモをとって聞きます。

現状　友だちの話は軽んじ，話し合いも成立しない

教師の話はよく聞いても，友だちの話は真剣に聞きません。そのため発言内容を理解しておらず，教師が頻繁に復唱して確認しなければなりません。友だちの話を聞く態度が未熟なので，話し合いや討論の授業も成立しません。

指導　発言の際のルールをつくり，子どもに復唱させる

❶教師の話はよく聞いているのに，友だちの話は真剣に聞かないということ

がどうして起こるのでしょうか。いくつか理由が考えられます。

> 1　教師はよく,「お話をします」「こちらを向きなさい」などと, 話を聞くことを促す合図を出します。さらに, 話を聞いていないと叱ります。しかし子どもの場合, こういうことがありません。
>
> 2　子どもたち自身が, 先生は大事なことを言う, 先生は正解を言う, 先生の話を聞き漏らすと困る, と思っています。反対に友だちの話はそれほど大事ではない, 友だちの発言は間違っていることもある, と思っています。
>
> 3　教師が子どもたちの意見を必ず復唱したり, 再度説明したりするので, 聞かなくても困らない状態になっています。

❷子どもたちにも, 自分が発言するときにはひと声かけるという発言のルールをつくります。具体的には「聞いてください」などと声をかけさせます。これを聞いたら, 聞く立場の子は発言者に体や顔を向けます。発言者は, 聞いている子どもたちが自分の方を向くまで発言せずに待ちます。

❸授業では他の子がどんなことを考えているかを知って, その考えを自分の考えと比べることが大事だということを教えます。

❹教師が復唱することを極力控えます。そのかわりに, ときどき聞く立場の子に復唱させてみましょう。これで, どの子も上の空で聞いてはいられなくなります。

注意　相手は違っても聞き方は同じ

　教師の話を聞くのも友だちの話を聞くのも, 結局聞き方に違いはありません。傾聴することの大切さを折に触れて指導しましょう。

5 人間関係のゆがみ

話の途中で茶々を入れる

「茶々を入れる」とは，人の話をふざけて遮ったりすることで，当然好ましい行いではありません。しかし，テレビなどの影響からか，人を冷やかすのがおもしろいことだと勘違いしたり，それに同調して笑ったりする子が少なからずいます。人が真剣に話をしているとき茶々を入れるのはどんな場合でも許されません。毅然と注意します。

理想　黙って聞くか，節度ある反応を返す

「人の話は黙って聞く」ことが基本になっています。教師が自由発言を促したときなどには話をしますが，話し方や話す内容は節度のあるものです。

現状　教師に対しても失礼なことを口走る

例えば「昨日，先生は家で縄跳びの練習をしたんです」と言うと，「へー，先生縄跳びできるんだ」などと相手が教師でも茶々を入れます。こういうことが日常茶飯事になると，重要な教師の指示なども通らなくなります。

指導　沈黙し，注視し，毅然と注意する

❶基本的には，「人の話は黙って聞く」ことを徹底しますが，それでもつい

しゃべってしまう子がいます。高学年ともなると，そういう生活に慣れてきているので，急にじっと黙って聞くのは難しい子もいます。

❷教師が話しているとき，だれかがしゃべったら話を止めます。子どもたちが「あれ？」と思うくらい長めに沈黙し，その後話を再開します。

❸それでも繰り返す子がいれば，再び話を止め，しゃべった子をしばらく見つめます。目力が必要です。改めて説明をする必要はありません。これだけで十分理解できます。

❹話してよい場合も教えます。先生が質問して答えを待っているとき，先生がくだけた話をして，自由に感想を言ってもよい雰囲気のとき，先生がツッコミを期待しているとき（高学年向けの高度な設定）などです。ただし，その場合でも茶々を入れてはいけないことを教えます。

❺実際に教師に対して茶々を入れた子がいた場合，その場で毅然と注意することが必要です。「そのように人の話を冷やかしたり，じゃまをしたりするようなことを言うのは，大変失礼なことです」などです。

注意　全員に同じように対応する

　近ごろは，自制がきかず，思いついたことをすぐに口にする子が少なくありません。そういう子にも，ダメなことはダメというつもりで対応します。

6 根っこの深いところのゆるみ

努力せず，楽をしようとする

> 学級全体が，何事も必要最低限のことをしていればＯＫいう雰囲気では，活気はあまりないでしょう。反対に，子どもたちの多くが常に向上心をもって，前回よりも今回，昨日よりも今日と，よりよいものを目指して努力するようになっていれば，学級は活気に満ちているはずです。

👍 理想　時間と手間をかけるのを嫌がらない子が多い

　手を抜くことができる状況でも，時間と手間を惜しまず努力できる子が多くいます。やがて努力を惜しまないことが学級の常態となり，努力できなかった子もときどきは時間と手間をかけてやれるようになります。

👎 現状　努力の大切さが実感できず，楽な方を選ぶ子が多い

　楽な方と大変な方のどちらでも選べる場面で，楽な方を選んでしまう子の割合が高い状態です。時間と手間をかけるのを面倒がるので，いま一歩の努力がなかなかできません。努力の大切さを知る体験が乏しいことが原因です。

👉 指導　プラス１枚の大切さを語る

❶努力の大切さを子どもたちに話します。しかし，ただ「大切だよ」と話し

第3章　こんなゆるみを，こう引き締め，立て直す！

ても子どもの心には響きません。エジソンなど偉人のエピソードをいくつか紹介しながら，努力の大切さを話すと効果的です。

❷教師が自身の努力している姿を見せたり，日ごろの生活の中で努力していることを紹介するのもよいでしょう。毎日読書を欠かさないこと，ブログを更新していること，学級通信を発行していることなど，具体的な例をあげます。それによってどんなよいことがあるのかも話して聞かせます。

❸学級の仲間が努力している姿を紹介します。紹介することがその子への評価にもなります。係活動をがんばる子，掃除に力を入れている子，毎日の自主学習を欠かさない子，などです。

❹高学年の子どもには次のような話を語って聞かせてもよいでしょう。
「0.1％といえば，とても小さな数です。1の1000分の1です。（上質紙を1000枚用意し，そのうちの1枚をとって見せ）1000枚の紙全体に対してたった1枚です。もし，全体に対してたったこれだけの努力をプラスするのだとしたら，それほど大変ではありませんね。でも，この0.1％の積み重ねを毎日続けると，実はとんでもないことになります。1年で約1.4倍，2年で約2倍，5年で約6倍です。毎日わずかな努力を続けることで，こんなに大きな成果を出すことができます。反対に毎日の努力を怠っていると，がんばっている人との差が知らないうちに大きくなっていくということです。ほんの0.1％でよいのですから，毎日少しでも努力を続けたいものですね」

1年後→1.4倍　　2年後→2倍　　5年後→6倍

※「複利法」による計算

6 根っこの深いところのゆるみ

叱られるとふてくされる

> 未熟な者は指導されながら向上していきます。人は死ぬまで未熟で，向上していくといってもよいでしょう。子どもも，もちろんそうです。叱ることはそのための指導の1つです。おそらく叱られたことのない人はいませんが，それを生かせる人と生かせない人で向上の度合いに大きな違いが出ます。

理想　叱られたことを受け入れ，自分の成長に生かす

だれにでも間違いや失敗はあります。つい怠けてしまったり約束を破ってしまったり，弱い自分に負けてしまうこともあるでしょう。そういうときには当然叱られます。そのときに，叱られる行為をした自分や親，教師に叱られたことを受容し，反省することができます。叱られたことを受け入れ，自分の成長に生かすことができるということです。

現状　叱られたことに腹を立て，ふてくされる

叱られることが受容できず，ふてくされたり，怒ったり，叱ってくれた人を攻撃したりします。叱られたことを自分の成長に生かすことができないので，再び同じ間違いを犯すことが多く，悪循環に陥っていきます。

第3章 こんなゆるみを，こう引き締め，立て直す！

指導 叱られたときにどうすればよいのかを問う

❶問いを投げかけながら，叱られたときにどうすればよいのかを考えます。

1　今までにだれにどんなことで叱られましたか？
2　叱られたときの気持ちはどうですか？　プラスの気持ちになりましたか？　マイナスの気持ちになりましたか？
3　では，叱った人はどんな気持ちだったと思いますか？　プラスの気持ちだと思いますか？　マイナスの気持ちだと思いますか？
4　叱った方も叱られた方もどちらもマイナスの気持ちになるんだったら，そういうことはしない方がいいですよね。叱るのを止めたらよいのではないでしょうか？
5　どうして叱ることを止めない方がいいのでしょうか？
6　では，嫌だけど必要だと思って叱ってくれるのですから，叱られたらどうするのがよいでしょうか？
7　叱られたら，まずそれを受け入れることが大切です。これを「受容」といいます。受け入れると心が素直になります。素直になれば自分の過ちを「反省」することができます。ああ，自分が間違っていたのだな，迷惑をかけてしまったなと気づきます。そうすれば，相手に対して「謝罪」したくなります。そして，マイナスの気持ちになっても叱ってくれたということに対して「感謝」したくなるでしょう。感謝できれば，自分の行いを「改善」することが自然とできます。改善と感謝は順番が反対でもよいと思います。

（植草学園大学名誉教授・野口芳宏先生の実践より）

❷考えたことを実践する子が必ずいるので，そういう子はだれにも知られないところでほめます。また，それを名前を伏せて他の子にも紹介します。

6 根っこの深いところのゆるみ

教師の指示に従わない

> 「従えない」のと「従わない」のでは雲泥の差です。前者はしようとしてもできないということで、従う意思がないわけではありません。しかし後者は、自分の意思で従わないということです。こういった子が何人もいると、学級は機能不全に陥り、場合によっては崩壊状態ということにもなります。

理想　指示に従う、完遂する努力をする

　指示をされてもその通りにできることばかりではありません。「計算問題20題プリントを10分以内にやりましょう」と指示されても、計算が苦手な子にはできないかもしれません。それでも、指示を全うしようと全員が努力します。教師の指示には従う、完遂する努力をする、ということです。

現状　自分自身の意思で抵抗している

　「指示の内容が理解できない」「指示通り行う能力がない」「自然と体が別のことをしてしまう」といったことが原因で、指示に「従えない」のではありません。「先生の指示には従いたくない」「先生を困らせてやろう」「先生を無視してやろう」など、自分自身の意思に基づいて抵抗し、「従わない」のです。

第3章 こんなゆるみを，こう引き締め，立て直す！

指導　指示に従うとうまくいく，という体験を積ませる

❶まず，こういった子どもたちに厳しい注意や叱責は逆効果です。かえって抵抗の口実を与えてしまいます。淡々と誠実に対応します。具体的には，指示を２，３度繰り返し，それでも従わない場合は静観します。

❷素読，体操など，あまり深く考えずにできる活動，反射的に動く活動，つまり先生の指示が即行動になるという活動を毎日の日課の中に少し含めて，継続して取り組みます。継続することで，指示に従う態度を育てます。

❸グループ対抗の楽しいゲームやスポーツを定期的に行います。実施日を決めてその日までにグループで練習をします。この練習の際に，グループや本人に教師からアドバイスをします。教師からのアドバイス（指示）によって上手になることを体験させるのです。この事実を積み上げていきます（グループや個人へのアドバイスの回数が極端にならないように注意する必要はあります）。

【著者紹介】
山中 伸之（やまなか のぶゆき）
1958年栃木県生まれ。宇都宮大学教育学部卒業。栃木県公立小中学校に勤務。

● 研究分野
国語教育，道徳教育，学級経営，語りの教育
日本教育技術学会会員，日本言語技術教育学会会員
日本群読教育の会常任委員，実感道徳研究会会長

● 著書
『「聴解力」を鍛える三段階指導―「聴く子」は必ず伸びる―』『確かな学力を育てる国語５年ワーク』『ファミコン型練習学習の方法』（以上，明治図書）『全時間の板書で見せる「わたしたちの道徳」』『ちょっといいクラスをつくる８つのメソッド』（以上，学事出版）『キーワードでひく小学校通知表所見辞典』『できる教師のどこでも読書術』（以上，さくら社）『できる教師のすごい習慣』『忙しい毎日が劇的に変わる 教師のすごいダンドリ術！』（以上，学陽書房）他多数。

学級経営サポートBOOKS
この一手が学級崩壊を防ぐ！
今日からできる学級引き締め＆立て直し術

2015年９月初版第１刷刊	©著者	山中 伸之
2016年11月初版第３刷刊	発行者	藤原 久雄
	発行所	明治図書出版株式会社

http://www.meijitosho.co.jp
（企画・校正）矢口郁雄

〒114-0023 東京都北区滝野川7-46-1
振替00160-5-151318 電話03(5907)6701
ご注文窓口 電話03(5907)6668

＊検印省略　　　　組版所 中 央 美 版

本書の無断コピーは，著作権・出版権にふれます。ご注意ください。

Printed in Japan　　　　ISBN978-4-18-184618-3
もれなくクーポンがもらえる！読者アンケートはこちらから →